Ingrid Kluge & Georg Pfeifer

Weil ich das schon selber kann

Kinder brauchen Selbstbewußtsein

Christophorus
mobile

Inhalt

Vorwort

Ein Ziel teilen wohl alle Eltern miteinander: Sie wollen, daß aus ihren Kindern glückliche und selbstbewußte Menschen werden. Sie alle erleben den Moment, in dem ihr Kind erklärt: „Das kann ich selber." Wenn es dann bestimmt die Hilfe seiner Eltern ablehnt und sich selbst anzieht, selbst ißt, selbst etwas erreicht, hat es die ersten Schritte zur Selbstständigkeit bereits hinter sich gebracht. Und wenn wir Eltern es geschafft haben, diesen Moment nicht durch unser von Sorge getriebenes Eingreifen zu stören, haben wir dem Kind dabei eine große Hilfe geleistet. Denn es erkennt in solchen Situationen seinen Willen und entdeckt sein Ich. Es entwickelt sein Selbstbewußtsein.

Doch sollten wir nicht den Fehler begehen, die Kinder mit unseren Erwartungen zu überfordern. Schneller, besser, klüger, mächtiger oder fleißiger zu sein, ist für Kinder noch kein erstrebenswertes Ziel. Kein Kind gleicht dem anderen, und unsere Aufgabe ist es, Kindern ihre Einzigartigkeit zu lassen. Jedes Kind entwickelt sich anders, und wir sollten uns darauf beschränken, diese Entwicklung zu begleiten.

Erwachsene haben einen riesengroßen Einfluß auf die Entwicklung ihres Kindes. Wenn sie ihr Kind aufmerksam begleiten, unterstützen sie die Persönlichkeitsentwicklung. Das Kind bekommt seelischen Halt aus der Bestätigung des eigenen Wertes und dem Vertrauen in die eigenen einfallsreichen Fähigkeiten. Das Selbstvertrauen, das Selbstwertgefühl und letztlich das Selbst bewußtsein können sich frei auf bauen und entwickeln. Wer seine Kinder nach dem Motto erzieht: „Tue dies nicht, tue das nicht!", zieht unsichere und ängstliche Kinder heran. Wer als Kind immerzu eingetrichtert bekommt, daß man „nicht widerspricht" und „schweigt, wenn die Erwachsenen reden", hat später Hemmungen und Schwierigkeiten in Situationen, in denen er für sich selbst etwas fordern müßte. Das sind Wege in die Unsicherheit.

Kinder verlassen schrittweise das geschützte Zuhause. Sie brauchen Raum für eigene Erfahrungen. Damit Kinder selbstbewußt, ohne Angst die eigene Meinung zu sagen und sich durchzusetzen, aufwachsen, ist die aktive Hilfe der Erwachsenen wichtig. In einer Welt, die immer weniger Räume bietet, in denen sich Kinder ausleben und entfalten können, müssen wir diese Räume neu schaffen. Je mehr Gelegenheiten wir einem Kind bieten, sich zu bewähren und eigene verantwortliche Entscheidungen zu treffen, desto besser wird es lernen, überlegt, selbständig und selbstbewußt zu handeln. So lernen Kinder auch, sich im Alltag zu behaupten und im richtigen Moment „nein" zu sagen.

Genau dies trauen sich jedoch viele Kinder nicht. Manche Experten meinen, daß dieses Verhalten bereits von Geburt angelegt ist, ein Kind also vom ersten Tag an ängstlich oder verschüchtert sein kann. Das bedeutet jedoch nicht, daß wir die Hände in den Schoß legen sollten. Forschen wir nach den Gründen für verschüchtertes Verhalten, dann finden wir zahlreiche Ursachen auch in der Umgebung des Kindes. Vor allem zwischen dem zweiten und achten Lebensjahr erfahren Kinder viele Situationen, in denen sich ihr Selbstbewußtsein bewähren und weiterentwickeln muß. Die wichtigsten wie der Eintritt und die Zeit im Kindergarten oder der Start in die Schule finden Sie in diesem Buch ausführlich behandelt. Aber auch andere Ursachen wie Angst, mangelndes Vertrauen oder Vorurteile kommen nicht zu kurz. Die zahlreichen Beispiele sollen Ihren Blick für die Stolpersteine des Lebens weiten. Als Erwachsene haben wir viele Möglichkeiten, unsere Kinder zu Handelnden und nicht zu Opfern zu erziehen. Die Chancen dazu liegen am Wegesrand der kindlichen Entwicklung. Wir haben viele davon in diesem Buch zusammengetragen. Die zahlreichen Tips, spielerischen Angebote und gezielten Übungen sollen Ihnen helfen, Ihr Kind auf dem Weg zu einer selbstbewußten Persönlichkeit im Leben zu unterstützen. Die Geschichten bieten Raum für die altersgerechte Auseinandersetzung, können aber auch als Anlaß verwendet werden, ein Gespräch zu beginnen.

So ist ein Begleiter auf dem Weg der kindlichen Entwicklung entstanden. Die kindliche Entwicklung vorweg planen, können wir mit diesem Buch allerdings auch nicht. Denn das Leben selbst ist die Basis für das Wachsen des Selbstbewußtseins. Selbst gemachte Erfahrungen und Erlebnisse geben die Sicherheit, etwas selber tun zu können. Kinder brauchen die Chance, eigene Fähigkeiten zu erproben und auszutesten! Jedes Kind hat das Recht auf das eigene Risiko: Unangenehme Erfahrungen dienen ebenso wie erfolgreich bestandene Prüfungen als Grundlage für Entwicklungsschritte. Und das ist gut so. Denn Menschen mit Selbstbewußtsein haut so schnell nichts um. Auch wenn da mal ein paar Stolpersteine auf dem Weg des Lebens herumliegen.

1 Was ist Selbstbewußtsein?

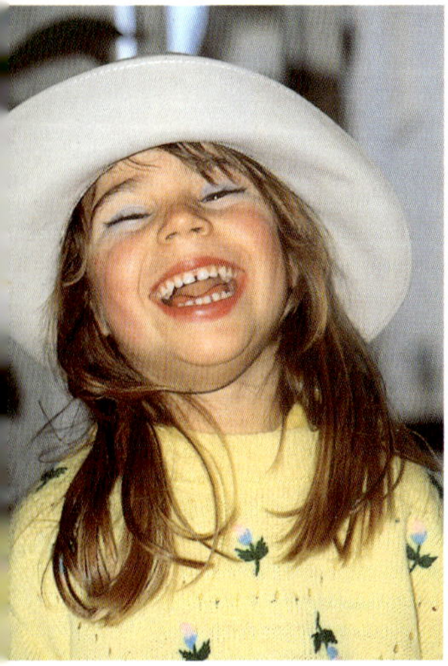

Selbstbewußtsein hat viele Gesichter. Klagen Sie einem Psychologen: „Mein Kind hat gar kein Selbstbewußtsein!“, dann wird der Sie verwundert anschauen und fragen: „Was meinen Sie mit dem Begriff Selbstbewußtsein?“
Er wird Sie dann bitten, ihm eine Situation zu schildern, in der dieses „Selbstbewußtsein“ eine Bedeutung hat. Denn was jeder einzelne unter Selbstbewußtsein versteht, hängt nicht nur vom jeweiligen Standpunkt ab, sondern auch von dem, was in einer bestimmten Situation erwartet wird.

Eigene Fähigkeiten kennen und zeigen

Sehen Sie sich doch einmal das Wort Selbstbewußtsein genau an. Zerlegen Sie es in seine drei Teile: das Selbst, das Bewußte, das Sein. So wird zumindest einiges deutlich. Ein selbstbewußter Mensch ist sich seiner selbst, seiner Person bewußt. Das bedeutet, daß er um seine Fähigkeiten und seinen Wert weiß, was sich auch in seinem Auftreten, seinem „Sein“, ausdrückt. Ein Kind, das „Selbstbewußtsein hat“, vertraut auf seine Fähigkeiten, sein Selbst. Es kann deshalb in verschiedenen Situationen des kindlichen Lebens selbstsicher reagieren. Dazu gehört auch, daß es sich eine eigene Meinung bildet, zu der es steht.
„Weil ich weiß, wer ich bin, traue ich mich“, könnte das Motto eines solch selbstbewußten Kindes sein. Wer sich traut, kann sich mutig und voller Selbstvertrauen auf das Leben einlassen. Das bedeutet zwar nicht, daß jedes selbstbewußte Kind auch in allen Situationen selbstsicher reagieren kann. Dazu gibt es gerade für jüngere Kinder noch zu viel Neues und Unbekanntes. Doch gerade weil sie ihre Stärken und Schwächen weitgehend kennen, werden selbstbewußte Kinder eher bereit sein, sich mit fremden Situationen auseinanderzusetzen. Selbstbewußte Menschen stellen sich dem Leben. Nur so können sie ihr Selbstvertrauen und ihre Selbstsicherheit weiterentwickeln. Und wenn dann doch etwas schiefgeht … Was soll's! Ein Fehlschlag wirft sie noch lange nicht aus der Bahn.
Wer dagegen schüchtern ist, steht sich meist selbst im Weg. Für ihn bedeutet jeder Fehlschlag ein Scheitern seiner Person.

Selbstbewußt und schüchtern: Lust oder Qual am Leben

Als ich gerade sechs Jahre alt war, zog ich mit meinen Eltern in die große Stadt. Ein paar Tage später kam ich in die Schule. Alles war so schrecklich fremd für mich. Ich habe riesige Angst vor den fremden Leuten bekommen. Wenn mein Lehrer mich etwas fragte, schaute ich immer gleich auf den Boden. Ich hatte einen so dicken Kloß im Hals, daß ich einfach kein Wort mehr herausbringen konnte. Schließlich habe ich ein halbes Jahr lang überhaupt nichts mehr gesagt. Ich hatte einfach so schreckliche Angst davor, daß ich etwas Falsches sage und die anderen auch noch über mich lachen. Aber ich mochte mich überhaupt nicht dafür.

Angst schnürt alles ab. Schüchternheit ist eine Form von Angst und manchmal eine lebenslange Qual. Die leidvolle Erinnerung eines Kindes zeigt aber auch, daß Schüchternheit selten alleine dasteht. Hinzu muß auch noch eine geringe Selbstachtung kommen. Schüchternheit und Selbstachtung stehen also in Beziehung zueinander:

Ist die Selbstachtung gering, ist die Schüchternheit groß. Ist die Selbstachtung groß, verschwindet die Schüchternheit. Im Selbstbewußtsein wird die Angst überwunden.

Als ich gerade sechs Jahre alt war, zog ich mit meinen Eltern in eine große Stadt. Ein paar Tage später kam ich in die Schule. Alles war richtig aufregend und neu. In meiner Klasse habe ich eine Menge neue Kinder kennengelernt. Einige sind seitdem meine besten Freunde. Mit dem Lehrer komme ich prima zurecht. Der bringt uns eine Menge bei und wird nie richtig böse. Wenn ich am Anfang nach der Schule heim kam, konnte ich gar nicht mehr aufhören, von meinen Erlebnissen zu erzählen.

Beide Reaktionen sind auf die nahezu identische Situation möglich: schreckliche Qual oder Lust am Leben und Lernen, wie die zweite Erinnerung eines Kindes zeigt.

Wenn Sie Ihr Kind auf dem Weg zu mehr Selbstbewußtsein unterstützen möchten, sollten Sie zunächst sein Verhalten einschätzen lernen. Nehmen Sie sich die Zeit für eine genaue Verhaltensbeobachtung. Dann werden Sie die Gefühle Ihres Kindes besser verstehen und mit ihm Wege zu mehr Selbstbewußtsein entdecken.

Für selbstbewußte Kinder ist die Welt ein Abenteuerspielplatz, auf dem sie ihre Fähigkeiten ausprobieren. Sie vertrauen auf sich selbst und sind bereit, sich auch mit fremden Situationen auseinanderzusetzen.

Das Verhalten des Kindes richtig einschätzen

Eine Mutter seufzt: „Mein Kind ist so schüchtern." Zum Beweis führt sie folgende Situation an: „Wenn wir im Laden sind und die Wurstverkäuferin sagt zu Susanne: ‚Willst du eine Scheibe Wurst?', dann klammert sich Susanne an meinem Bein fest und sagt keinen Ton. Ich muß für sie antworten: ‚Ja, sie ißt bestimmt gerne eine Wurstscheibe.'" Auf Nachfragen stellt sich aber heraus, daß Susanne gar keine Wurst mag. Die Mutter will dennoch aus Höflichkeit nicht ablehnen. So muß das Kind an der Fleischtheke immer eine Wurstscheibe nehmen und sich auch noch bedanken.

Die Mutter nennt das „Klammern" ihrer Tochter ein schüchternes Verhalten. Das ist falsch. Das Kind zeigt eine sehr bewußte Reaktion. Es mag keine Wurst, also tut es auch nichts dafür, sie zu bekommen. Sein Schweigen ist Ausdruck der Verweigerung. Susanne hat allerdings noch nicht gelernt, laut „nein" zu sagen, sich also auch nach außen selbstbewußt zu verhalten. Viele Erwachsene neigen leider dazu, Kinder zu vermeintlich höflichem Verhalten anzuleiten: „Sage ‚ja' auch wenn du ‚nein' meinst."

Susannes Mutter hat sich bisher noch nicht die Mühe gemacht, genau hinzuschauen und sich zu fragen: Was bedeutet Susannes Verhalten? So übersieht sie den Versuch ihres Kindes, sich selbstbewußt zu verhalten.

Eltern können aber lernen, genauer hinzuschauen. Dazu müssen sie die Situation erkennen und sich in ihr Kind hineinversetzen. Sie dürfen nicht ihre eigene Wertung der Situation voranstellen. Wichtig ist, die Bedürfnisse des Kindes zu erkennen und zu akzeptieren.

Wie selbstbewußt ist mein Kind?

Wenn Sie wissen wollen, wie selbstbewußt sich Ihr Kind verhält, müssen Sie nur hinschauen, was es wie tut. Aber lassen Sie bei der Betrachtung die Vorstellung weg, wie es sich Ihrer Meinung nach verhalten sollte.

Selbstbewußtes Verhalten ist

... wenn ich sage, was ich meine, und es bei anderen so ankommt, wie ich es gemeint habe.

... wenn ich weiß, was ich möchte, und tue, was ich möchte.

... wenn ich meinen eigenen Gesetzen folge.

Selbstbewußtsein ist

... eine innere Stärke, die sich in einem Verhalten nach außen zeigt.

... eine innere, von anderen unabhängige Haltung, die sich in Verhalten ausdrückt.

... wenn man mit seinen Fähigkeiten gut umgehen kann.

Fragebogen

1. Zeigt Ihr Kind nach Ihrer Einschätzung deutlich in Worten oder Taten, was es will?
   - ... zu Hause? ❍ Ja ❍ Nein
   - ... im Kindergarten/in der Schule? ❍ Ja ❍ Nein
   - ... bei seinen Freunden? ❍ Ja ❍ Nein
   - ... bei Fremden? ❍ Ja ❍ Nein
2. Übernimmt Ihr Kind eher die Meinung anderer? ❍ Ja ❍ Nein
3. Versucht Ihr Kind das, was es will, auch durchzusetzen?
   - ... zu Hause? ❍ Ja ❍ Nein
   - ... im Kindergarten/in der Schule? ❍ Ja ❍ Nein
   - ... bei seinen Freunden? ❍ Ja ❍ Nein
   - ... bei Fremden? ❍ Ja ❍ Nein
4. Setzt Ihr Kind häufig durch, was es will?
   - ... zu Hause? ❍ Ja ❍ Nein
   - ... im Kindergarten/in der Schule? ❍ Ja ❍ Nein
   - ... bei seinen Freunden? ❍ Ja ❍ Nein
   - ... bei Fremden? ❍ Ja ❍ Nein
5. Fällt es Ihrem Kind leicht, sich zeitweise anzupassen und auch mal nachzugeben? ❍ Ja ❍ Nein

Auswertung

Auf die Fragen gibt es keine Antworten nach dem Motto: „Wenn die überwiegende Zahl mit nein beantwortet wurde, ist Ihr Kind nicht selbstbewußt." Sie dienen vor allem dazu, Sie anzuregen, das Verhalten Ihres Kindes gezielt zu beobachten.

Wenn ein Kind schon in einigen Situationen weiß, was es will, und dieses auch zu Hause vertreten kann, dann gilt es, dieses Verhalten zum Beispiel in Situationen mit Fremden zu unterstützen (Frage 1).
Wenn ein Kind eher die Meinung von anderen übernimmt, sollten Sie es darin bestärken, in solchen Situationen, auch mal die eigene zu vertreten (Frage 2).
Wenn das Kind versucht, seine Position durchzusetzen, dabei aber scheitert, braucht es Unterstützung (Frage 3).
Wenn es sich sehr häufig durchsetzt, und zwar in allen Lebensbereichen, kann das auch ein Hinweis auf ein geringes Selbstbewußtsein sein. Es könnte bedeuten, Angst vor dem Nachgeben zu haben (Frage 4).
In diese Richtung zielt auch Frage 5: Selbstbewußte Kinder können auch mal etwas tun, nur um anderen eine Freude zu machen.
Um Änderungen im Verhalten festzustellen, können Sie die Fragen wöchentlich einmal durchgehen und vergleichen, wie oft Ihr Kind seine Haltung geändert hat.

Selbsterfahrung gehört dazu

Zum Selbstbewußtsein gehören Selbstvertrauen und Selbstsicherheit. Vertrauen kann man aber nur auf das, was man kennt und erlebt hat. Selbsterfahrung ist deshalb die erste Voraussetzung, um Selbstbewußtsein zu lernen. Ein Beispiel: Ein Kind steht zum ersten Mal vor einem Klettergerüst. „Wird es gehen?", fragt es sich. Das Kind steigt hinauf, bis seine Füße ein paar Zentimeter über dem Boden schweben, bekommt Angst und läßt sich wieder hinabgleiten. Beim nächsten Mal ist es schon mutiger, und nach mehreren Versuchen gelangt es schließlich an den obersten Punkt. Es gewinnt die Sicherheit, daß es seinem Geschick vertrauen kann. Jetzt ist es sich bewußt: „Das kann ich schon selber."

Lena und Lena im Spiegel

Ein Spiegel ist eine tolle Sache, um sich selbst kennenzulernen. Man kann sich ganz genau beobachten, jede Menge Faxen machen und seine Gesichtszüge ausprobieren. Lesen Sie Ihrem Kind die folgende Geschichte vor. Vielleicht hat es danach Lust, selbst einen Spiegel zur Selbsterfahrung zu nutzen.

Lena wohnt mit Vater und Mutter in einer großen Altbauwohnung mitten in der Stadt. Sie ist gerade vier Jahre alt. Weil in der Nähe kein Spielplatz ist, muß sie oft in der Wohnung spielen. Ihr Kinderzimmer ist vollgepackt mit vielen wunderschönen Spielsachen.
Heute aber langweilt sich Lena. Gerne hätte sie eine Freundin eingeladen, doch niemand hat Zeit für sie. Schade. Denn etwas gemeinsam zu tun ist doch schöner, als immer alleine spielen zu müssen. Die Mutter ist zur Arbeit. Papa sitzt in seinem Zimmer und möchte nicht gestört werden.
Lena will aber nicht alleine in ihrem Kinderzimmer spielen. Sie läuft durch den Flur ihrer Wohnung: auf und ab und hin und her, mal langsam, mal schnell, einmal rückwärts und einmal vorwärts.
Plötzlich bleibt sie stehen. „Was ist das?" In der Mitte des Flurs rennt jemand neben ihr her. Vorsichtig geht sie zurück. „Wer war das? Woher kam er? Und wo ist er jetzt?"
Da bemerkt sie, daß sich etwas verändert hat. Dort an der Wand hängt ein riesiger Spiegel. Der ist wirklich toll. Er hat einen wunderschönen verzierten Rahmen und ist so groß, daß sich Lena ganz und gar darin sehen kann.

Sie beginnt, die verschiedensten Faxen zu machen: Lena steht auf ihrem linken Bein, Lena im Spiegel auf dem rechten. Sie schneidet die gräßlichsten Grimassen, ihr Gegenüber guckt genauso blöd zurück. Sie streckt die Zunge raus, die Antwort ist ein schöner roter Waschlappen auf der anderen Seite. Sie kann ihrem Gegenüber die Hand reichen, die Füße berühren sich, der ganze Körper wird eins.
Herrlich ist dieses Spiel, und ihre Spielkameraden sind für heute vergessen. Doch plötzlich taucht ein weiteres Gesicht auf der anderen Seite auf. Mit einem Bart mitten im Gesicht und einer Pudelmütze auf dem Kopf. Lena erschrickt sehr. Doch da lacht das fremde Gesicht, und sie erkennt ihren Vater. Er hat seine Arbeiten erledigt und sich ein wenig verkleidet, um Lena zu erschrecken. Jetzt haben sie Zeit, miteinander zu spielen. Gemeinsam verbringen sie den Rest des Nachmittags und haben viel Spaß. Und wenn sich Lena wieder langweilt, weiß sie, daß sie zumindest im Spiegel noch eine gute Freundin hat.

Spiele zur Selbsterfahrung

Woher komme ich? Wer bin ich? Was kann ich? Das sind die wichtigsten Fragen, die zur Selbsterkenntnis führen. Schon in den ersten Lebensjahren beginnen Kinder, diese Fragen zu stellen. Gemeinsam mit Ihrem Kind sollten Sie versuchen, ganz individuelle Antworten auf diese schwierigen Fragen zu finden, die schon vor Ihnen viele berühmte Philosophen umgetrieben haben. Anlaß dazu können die folgenden Spiele sein. Stehen Sie Ihrem Kind dabei zur Seite. Ermuntern Sie, aber drängen Sie es nicht dazu. Die Fragen kommen von ganz alleine.

Mein Steckbrief
Das weiß ich über mich

Alter: ab 5 Jahren
Teilnehmer: 1 Kind oder mehrere
Material: ein Foto von jedem Kind, Papier, Stifte, alte Zeitungen, Klebstoff, Fotos von Freunden und Verwandten

Mit dem Steckbrief schaffen die Kinder ein Bild von sich und ihrer Umgebung. Sie setzen sich dabei bewußt mit sich als Mensch auseinander.

Jedes Kind klebt sein Foto auf das Papier. Dazu schreibt es, malt oder erstellt eine Collage aus Zeitungsbildern. Was fällt mir zu mir selber ein? Was ist mir wichtig? Was möchte ich anderen mitteilen? Was sind meine Hobbys? Was ist mein Lieblingsspielzeug, mein Lieblingsessen, Lieblingstier … ?

All das kann auf dem Papier dargestellt werden. Das Bild sollte seinen Platz im persönlichen Wohnbereich des Kindes finden.

Starke und schwache Gefühle
Mein erstes Tagebuch

Alter: ab 3 Jahren
Teilnehmer: 1 Kind oder mehrere
Material: ein stabiles Heft mit Pappdeckel und dicken Seiten, die leicht umzublättern und haltbar sind, Buntstifte, Kleber, Schere, alte Zeitungen

Jeder Tag, jede Woche ist mit verschiedenen Erlebnissen und Gefühlen verbunden. Viele Situationen bleiben unbeachtet, finden aber ihren Platz im Unterbewußtsein. Mit dem Tagebuch erlebt ein Kind sich und seine Umwelt bewußter. Es lernt, in sich hinein zu hören und seine Gefühle zu unterscheiden.

Das Kind erstellt sein persönliches Tagebuch: Starke Gefühle – etwa ein ganz tolles Erlebnis – schwache Empfindungen – was war ganz schlecht am heutigen Tag – werden regelmäßig in ein Heft gemalt oder als Collagen aus alten Zeitungen erstellt. Die Eintragungen müssen keine eindeutige Dokumentation des Geschehenen sein. Gefühle lassen sich auch einfach mit Farben darstellen. Vielleicht zeichnet das Kind nur einen roten Strich auf eine Seite, wenn es ausdrücken will, daß es sich geärgert hat. Oder es malt einen gelben Kreis, wenn es sich in einer Situation wohl gefühlt hat. Was die Farben und Formen bedeuten, kann Ihnen nur Ihr Kind selbst erklären. Dazu sollten Sie es jedoch nicht drängen. Denn es handelt sich um ein persönliches Tagebuch mit ganz persönlichen Gefühlen und Eindrücken.

Das kann ich schon lange

Alter: ab 4 Jahren
Teilnehmer: mindestens 2 Kinder, eventuell Erwachsene

Mit diesem Spiel spüren Kinder ihren eigenen Talenten nach und lernen, sie vor anderen zu zeigen.

Die Jungen und Mädchen setzen sich auf den Boden. Das erste Kind beginnt und darf eine Sache pantomimisch darstellen, die es gut kann. Die anderen versuchen, das Gespielte zu erraten. Ein Kind kann zum Beispiel gut malen, ein anderes gut turnen, wieder ein anderes einen hohen Turm bauen usw.

Kinder erfahren ihren Körper

Hör (nicht) auf deinen Körper

Freitagnachmittag. Die Stadt ist voller Menschen. Alles hetzt und drängt. Familie Krause bekommt am Wochenende Besuch. Frau Krause will noch schnell alles einkaufen, was für das Wochenende benötigt wird. Ihre vierjährige Tochter Beate hat sie fest an der Hand. Ihr Schritt ist schnell. Beate kann kaum mithalten. Viel sieht sie nicht. Sie schaut allenfalls auf Schuhe und Knie der Vorbeihastenden. Ab und zu stößt sie gegen die Einkaufstüten und Taschen der Leute.

„Mama, ich hab' Durst."
„Mach kein Theater, wir haben keine Zeit."
Zwei Minuten später.
„Mama, ich habe Durst." Der Ton von Beates Stimme geht durch Mark und Bein.
Bloß jetzt kein Gequengel, denkt Frau Krause. Ihre Nerven sind gespannt.
Erneut sägt Beates Stimme daran.
„Mama!" Der Ton ist klagend, anklagend. „Ich habe Durst."
„Stell dich nicht immer so an", faucht Frau Krause. „Und jetzt kein Wort mehr. Verstanden?"

Frau Krause ist zu angespannt und gereizt, um auf Beates Wunsch einzugehen. Dabei wäre es sicher leicht möglich gewesen, ein paar Minuten Zeit zu opfern und ein Getränk zu besorgen. So hat Beate an diesem Freitagnachmittag eines gelernt: Hör nicht auf deinen Körper.
Dabei ist es ein Segen, daß Kinder noch die Signale ihres Körpers hören. Es wäre jammerschade, ihnen diese Fähigkeiten zu nehmen. Legionen von Psychologen und Ärzten verdienen ihr Geld damit, den Erwachsenen wieder beizubringen, in ihren Körper hineinzulauschen. Denn der Mensch ist eine Einheit. Er besteht aus Geist und Körper. Alles gehört zusammen. Ist der Körper krank, geht es auch dem übrigen Menschen schlecht, und ist das Herz traurig, geht es dem Körper schlecht. So ist es wichtig, daß Kinder ihren Körper erfahren und ernst nehmen. Die folgenden Übungen und Spiele werden dazu beitragen.

Auf der Haut

Alter: ab 3 Jahren
Teilnehmer: 2 oder mehr
Material: verschiedene Gegenstände

Die Kinder können spüren, wie sich verschiedene Gegenstände an den unterschiedlichen Körperstellen anfühlen.

Unterschiedliche Dinge werden mit der Haut in Berührung gebracht. Dies kann ein Arm oder Bein, der Bauch oder Rücken sein. Papier, Watte, eine Bürste, Stoff, Schmirgelpapier usw. bieten sich an. Als Variante können dem Kind die Augen verbunden werden, und es muß den Gegenstand erraten.

So sieht mein Körper aus

Alter: ab 3 Jahren
Teilnehmer: 1 Erwachsener, 1 Kind
Material: großer Papierbogen, Stifte

Das Kind soll seinen Körper kennen- und annehmen lernen.

Ein Elternteil und das Kind arbeiten gemeinsam. Zunächst legt sich einer auf einen am Boden ausgebreiteten Papierbogen (dieser muß mindestens die Größe der Person haben). Der andere zeichnet die Umrisse nach. Anschließend wird dieser ebenfalls gezeichnet.
Nachfolgend können die Konturen farbig ausgemalt werden.

Dann sollten sich die Spieler das Bild genau ansehen und entscheiden:
Was gefällt mir an meinem Körper?
Was gefällt mir nicht an meinem Körper? Die Stellen werden gekennzeichnet oder ausgemalt.
Abschließend sprechen Sie mit Ihrem Kind über seine Empfindungen.

Mein Körper wird zum Luftballon

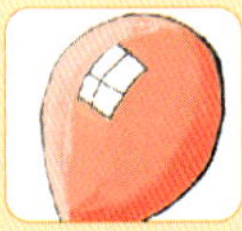

Alter: ab 4 Jahren
Teilnehmer: 1 Erwachsener, 1 Kind oder mehrere
Material: Decke, Matratze oder Isomatte

Autogenes Training ist eine Hilfe, sich selbst zu spüren, sich zu sammeln, zur Ruhe zu kommen und neue Kräfte zu speichern. Es wirkt grundsätzlich entspannend und stabilisierend. Ein Kind lernt dabei seinen Körper kennen. Bei der Entspannungsmethode wirkt die Gedankenkraft über die Muskelbewegung auf den Körper. Ziel ist, Körper und Geist in Einklang zu bringen.
Das Training kann grundsätzlich im Liegen, Sitzen und Stehen durchgeführt werden. Für Anfänger, also besonders für Kinder, empfiehlt es sich zu liegen. Überfordern Sie Ihr Kind nicht.
Kinder bis zu 5 Jahren üben etwa 5 Minuten.
Kinder zwischen 5 und 6 Jahren üben 10 bis 15 Minuten.
Kinder zwischen 7 und 8 Jahren üben 20 bis 25 Minuten.
Mehr als zwei Übungen würden überfordern.

Das Kind und auch Sie sollten sich bei der Übung wohl fühlen. Falls Sie die Übung mit mehreren Kindern durchführen, und eines will nicht mitmachen, dann sollte es in ein anderes Zimmer gehen, um die anderen nicht zu stören. Schaffen Sie eine behagliche Stimmung im Raum. Dämpfen Sie das Licht etwas und setzen auch Sie sich gemütlich an irgendeinen bequemen Ort. Das Kind liegt mit dem Rücken auf der Matte oder Matratze. Die Handflächen werden in Richtung Boden gedreht. Die Beine sind leicht gespreizt, die Fußspitzen fallen locker nach außen. Falls es kühl ist, kann das Kind mit einer leichten Decke zugedeckt werden. Nun sprechen Sie mit leiser, ruhiger Stimme:

Mach die Augen zu. Laß deinen Körper ausruhen. Strecke Arme und Beine locker aus. Wenn du nachher wieder aufstehst, wirst du stark und frisch sein.
Jetzt aber bleibe still, damit sich alle deine Muskeln ausruhen können.
Laß erst die Zehen ausruhen – ruht euch aus, ihr Zehen.

Jetzt kommen die Füße dran, sie liegen schon ganz schwer auf dem Boden.
Nun laß die Beine ausruhen – die sind schon richtig schwer.
Laß nun auch deine Finger ausruhen – ruht euch aus, ihr Finger.
Jetzt laß die Hand ausruhen. Sie liegt auch ganz schwer auf dem Boden.
Und jetzt will der eine Arm auch ausruhen.
Und nun möchte auch der andere Arm ausruhen. Beide Arme sind so schwer.
Du spürst, wie schwer sie neben dir liegen.
Nun atme ganz langsam und tief durch die Nase ein.
Dein Bauch füllt sich wie ein großer Luftballon.
Jetzt laß die Luft aus dem Bauch raus. Atme langsam aus.
Jetzt atme wieder ein – der Bauch wird wieder ganz dick.
Und atme wieder aus – der Bauch wird ganz dünn.
Atmen Sie am besten hörbar mit, damit der Atemrhythmus paßt.
Bleibe jetzt ganz still – dein Körper atmet ganz allein: ein und aus, ein und aus.
Du bist ganz warm, liegst weich auf dem Boden. Dein Körper wird ganz schwer.
Du spürst den Boden, laß dich langsam in ihn hineinsinken.
Wir ruhen, ruhen, ruhen ganz tief aus.

Häufig sind Kinder an dieser Stelle schon eingeschlafen. Lassen Sie sie schlafen. Einige wenige Minuten lang. Und sprechen dann wieder zu ihnen:
Jetzt spürst du wieder den Boden, du atmest tief ein und laut aus.
Du wackelst mit den Zehen und Fingern.
Du schüttelst deine Hände.
Und jetzt machst du langsam die Augen wieder auf.
Steh auf. Schüttle die Arme und Beine.

Zur Nachbereitung fragen Sie: Wie geht es dir nun? Was hast du gespürt? Was hat dir besonders gefallen?

2 Selbstbewußtsein lernen

Das Selbstbewußtsein wird dem Menschen nicht als fertige Eigenschaft in die Wiege gelegt, sondern entsteht im Kontakt mit der Umwelt. Es entwickelt sich also im Verlauf des Lebens. Kinder lernen mehr und schneller als Erwachsene. Dennoch bleibt das Lernen von Selbstbewußtsein ein lebenslanger Prozeß, weil immer neue Erfahrungen hinzukommen. Niemals ist der Mensch am Ende seiner möglichen Erlebnisse angekommen; es sei denn, er verweigert aus Angst neue Erfahrungen.

Wie die Umgebung Kinder beeinflußt

Mächtig Einfluß auf die Entwicklung des kindlichen Selbstbewußtseins gewinnt die Umwelt ab dem zweiten Lebensjahr. Denn irgendwann zwischen dem zweiten und vierten Lebensjahr wird aus einem „Es" ein „Ich". Das Kind spricht von sich nicht mehr in der dritten Person, nennt sich nicht mehr bei seinem Namen, sondern lernt, „ich" zu sagen. Das hatte schon vor 200 Jahren den Philosophen Immanuel Kant ins Grübeln gebracht. Er befand, daß dem Kind dann, wenn es sein Ich entdeckt, ein Licht aufgeht: „Vorher fühlte es sich selbst, jetzt denkt es sich selbst." Es bekommt also ein Bewußtsein von sich selbst. In dieser Phase des „Sich-selbst-Denkens" nimmt die Bedeutung der Umwelt deutlich zu. Unter Umwelt müssen wir alles verstehen, was außerhalb des Kindes ist: Dazu gehören alle Menschen, die das Kind sieht, hört, anfaßt und riecht, aber auch Tiere, Geschichten, die vorgelesen werden, Filme, die Einrichtung der Wohnung, Bilder oder die Natur. All das nimmt Einfluß auf die Entwicklung seines Bewußtseins. Doch den allergrößten Einfluß haben die sogenannten Bezugspersonen des Kindes: Vater, Mutter und Geschwister, also jene Menschen, mit denen das Kind am häufigsten zusammen ist. Jede noch so kleine Reaktion, und sei es auch nur ein Gesichtsausdruck, ist so etwas wie eine Note für ein bestimmtes Verhalten des Kindes. Und diese Note kann darüber entscheiden, ob das Verhalten wiederholt wird oder nicht.
So haben die Erwachsenen großen Einfluß darauf, in welche Richtung sich das Selbstbewußtsein des Kindes entwickelt.

Was Kinder verschüchtert

Alles was fremd ist, ist erst einmal unheimlich. Stellen Sie sich vor, ein Kind ist drei Jahre alt und begegnet zum ersten Mal einem großen Hund. In den meisten Fällen wird das Kind verharren, schauen und, sobald sich der Hund vorwärts bewegt, den Rückwärtsgang einlegen. Diese Vorsicht sichert das Überleben von Lebewesen. Alles was unbekannt ist, muß erst eingeordnet werden.

So verhält sich auch ein Kind. Es schaut sich die neue Welt an, erfaßt sie vorsichtig und ordnet dann ein: „Diesem Meerschweinchen darf ich mich nähern, jenem Menschen lieber nicht."

Kinder leben in einer Welt, in der die meisten Dinge größer sind als sie selbst, und sie erleben die eigene Kleinheit oft als Unterlegenheit. So können z. B. Größe und schnelle Bewegungen als bedrohlich empfunden werden. Motorengeräusche, laute Stimmen oder viele Menschen in einem Raum können ein Kind zum Weinen bringen. Sicher fallen Ihnen sofort viele Situationen ein, in denen Ihr Kind aus für Sie zunächst einmal unerfindlichen Gründen weinte.

Daß Neues Kinder verschüchtert, ist gut so. Es schützt sie vor gefährlichen Situationen. Zum Problem wird schüchternes Verhalten erst, wenn es immer in gleichen oder ähnlichen Situationen auftritt.

Ein Beispiel: Ein vierjähriges Kind begegnet einem zehnjährigen Jungen. Der ist schlecht drauf und schreit: „Weg da, mach Platz!" Die erste Erfahrung mit dem älteren Kind prägt sich ein als Erschrecken. Begegnet das Kind wieder einem wütenden Jungen, warnt schon eine innere Stimme: „Achtung!" Beim dritten Mal rennt das Kind sofort weg, bei der vierten Begegnung fängt es an, laut zu schreien. Nun sagen die Eltern: „Unser Kind ist so schüchtern. Wenn es größere Jungen sieht, fängt es gleich an zu schreien."

So dramatisch wird sich die Situation wohl nicht entwickeln, aber sie zeigt doch anschaulich, wie sich Schüchternheit entwickeln kann. Schüchternheit ist nicht angeboren, sondern erlernt und anerzogen.

Angst verunsichert und fördert Schüchternheit

Erziehung zur Unsicherheit

Ein Kind wird unsicher, wenn man ihm nicht vertraut. Dann kann es auch sich selber nicht vertrauen. Es wird unsicher, wenn es wenig oder gar kein Lob bekommt oder wenn Erwachsene ihre eigenen Ängste und Unsicherheiten dem Kind mit auf den Weg geben. Eine Behinderung kann unsicher machen, von anderern Kindern ausgelacht zu werden, kann verunsichern. Es gibt viele mögliche Quellen für Unsicherheit. Um dieses deutlich zu machen, eignet sich das Beispiel von dem Dreijährigen und dem großen Hund. Hund und Kind stehen sich gegenüber. Der Hund will gerade schon abdrehen, weil das Kind in seiner Reglosigkeit für ihn langweilig ist, da kommt die Oma, erfaßt die Situation mit einem Blick und schreit zum Kind: „Um Gottes willen, komm sofort her!“ Das Kind erschreckt sich, rennt zur Oma und weint. Es hat gelernt: Ein großer Hund ist etwas ganz Schreckliches. Natürlich müssen Sie eingreifen, wenn sich ein großer fremder Hund und ein Dreijähriges gegenüberstehen. Aber ganz behutsam. Mit keinem Wort, mit keinem Satz und möglichst mit keinem erschreckten Gesicht zeigen Sie dem Kind, daß die Situation durchaus bedrohlich sein könnte. Sie werden also ganz ruhig in Richtung Kind und Hund gehen, den Hund beobachten und mit ruhiger Stimme sprechen, bis Sie Ihr Kind an der Hand haben. Dann gehen Sie. So haben Sie verhindert, daß eine natürliche Unsicherheit zur einschnürenden Angst wird.

Schüchternheit ist eine Form von Angst

Manchmal übersehen Eltern Entwicklungen und müssen plötzlich erkennen: Mein Kind ist schüchtern. Sie haben den Weg dorthin nicht wahrgenommen. Wie bei Stefanie: Stefanie ist schüchtern. Sie hat Angst. Sie traut sich nicht. Sie hat zuwenig Selbstbewußtsein. Am wohlsten, weil am sichersten, fühlt sie sich zu Hause, wenn Mutter in der Nähe ist. Schlimm ist es für sie, wenn Mutter sagt: „Geh doch mal auf die Straße. Schau, da spielen doch wieder alle Kinder aus der Nachbarschaft." Dann zieht sich Stefanies Magen zusammen, ihr wird ganz schlecht, schlecht vor Angst, weil sie jetzt dahin soll. Ihre Schüchternheit ist Angst, Angst vor Menschen.
Stefanie könnte gar nicht beschreiben, was für eine Art von Angst zu ihrem schüchternen Verhalten führt. Es ist ein eher unklares Gefühl, was sie überfällt, wenn sie mit Menschen zusammen sein muß, die ihr nicht sehr vertraut sind. Es ist so etwas wie Panik. Am liebsten möchte sie

sofort weglaufen, aber eigentlich sind Füße und Beine wie gelähmt. Ihre Augen sind dann manchmal riesengroß, und wenn sie etwas gefragt wird, kommt einfach kein Wort aus ihrem Mund heraus. Wenn Schüchternheit schon zum Störenfried im Leben geworden ist, sich im Laufe der Zeit in Angst und Panik verwandelt hat, läßt sich das Problem nicht mehr von heute auf morgen lösen. Es muß in kleinen Schritten angegangen werden.

Hilfe in kleinen Schritten

Quälen Sie jedoch Ihr Kind nicht mit Fragen, die es nicht beantworten kann. So gibt es zum Beispiel selten eine Antwort auf die Frage: „Wovor hast du Angst?" Sie können aber behutsam fragen: „Was glaubst du, Stefanie, könnten die anderen Kinder dir tun?"

Jede Handlung hat eine Konsequenz zur Folge. Stellen Sie im Gespräch mit Ihrem Kind sowohl die Handlung als auch die Folge dar. Zum Beispiel: „Was könnte passieren, wenn du jetzt runtergehst und die Kinder fragst: Laßt Ihr mich mitspielen?" Auf eine solch konkrete Frage kann Stefanie gut antworten, und zwar entweder mit Worten oder mit einer Zeichnung. Denn sie kann sich die Reaktion der Kinder auf eine solche Frage gut vorstellen.

Schüchternheit überwinden – Spiele und Übungen

Angst und ein Mangel an Vertrauen sind oft die Ursachen für Schüchternheit. Beides können Sie gemeinsam mit Ihrem Kind Stück für Stück abbauen. Die folgenden Spiele und Übungen dienen dazu, schüchternen Kindern zu helfen, ihre Gefühle auszudrücken, die Angst zu überwinden und Vertrauen zu fassen. Gerade für schüchterne und zurückhaltende Kinder ist es wichtig, daß sie freiwillig an den Spielen teilnehmen. Zwingen Sie Ihr Kind also nicht mitzuspielen. Einige Spiele eignen sich auch für Feste und Kindergeburtstage. Überlegen Sie auch, in welchen Alltagssituationen die Angst auftritt, und erfinden Sie Rollenspiele, die möglichst gut diesen Situationen ähneln.

Maskenspiel

Alter: ab 3 Jahren
Teilnehmer: 2 und mehr
Material: Masken

Masken animieren zum Spiel. Jeder kann in Rollen schlüpfen, die er gerne ausprobieren möchte. Hinter Masken kann man sich aber auch verbergen. Deshalb sind sie besonders für schüchterne Kinder auch eine Chance. Ohne direkt gesehen zu werden, können sie die Rollen unterschiedlicher Charaktere oder Wesen übernehmen und an ihren Mitspielern testen. Dabei können Kinder lernen, Gefühle auszudrücken und ihre Meinung zu sagen.

Basteln Sie doch einmal mit Ihrem Kind aus Karton oder Pappmaché verschiedene Masken. Oder, falls Sie dazu keine Zeit haben, suchen Sie mit Ihrem Kind Masken in einem Geschäft aus. Wichtig ist, daß Ihr Kind seine Maske selbst auswählt.
Spielen Sie so oft wie möglich gemeinsam mit Ihrem Kind verschiedene Szenen. Der Löwe ist vermutlich wild, Hexen können mal böse, aber auch listig sein. Lassen Sie sich nicht täuschen: Die Gefühle und Stimmungen, die Ihr Kind im Spiel zeigt, hat es meist auch selbst. Unterbrechen Sie das Spiel nicht mit Fragen. Diese können Sie anschließend stellen. Reden Sie mit Ihrem Kind, wie es sich in der Rolle gefühlt hat. Doch tadeln Sie es nicht für sein Verhalten im Spiel: Löwen sind eben wild und Hexen eben auch mal böse.

Situationen malen und neu zeichnen

Alter: ab 5 Jahren
Teilnehmer: 1 Kind
Material: Buntstifte und Zeichenpapier

Kindern fällt es oft leichter, unangenehme Sachlagen zu malen, als sie mündlich zu erläutern. Sollte Ihr Kind Probleme mit Situationen haben, regen Sie es an, ein Bild zu der Situation zu malen. Reden Sie anschließend über das Bild. Wenn Ihr Kind gemeinsam mit Ihnen eine Lösung gefunden hat, kann es das Bild auch entsprechend umzeichnen oder ein neues malen. Vergleichen Sie dann die Bilder miteinander, und reden Sie darüber.

Spiel mit dem Schatten

Alter: ab 4 Jahren
Teilnehmer: 2 und mehr
Material: Taschen-, Schreibtisch- oder Stehlampe, Leinwand oder Bettlaken

Beim Schattenspiel spielen die Jungen und Mädchen hinter einer Projektionswand (z.B. ein weißes Bettlaken). Sie sollte so hoch sein, daß die Kinder dahinter stehen können. Mit Hilfe der Lampe werden ihre Schatten auf diese Wand geworfen. Die Kinder können selber sehen, wie ihre Bewegungen auf die Leinwand geworfen werden. Wenn Zuschauer dabei sind, können sie versuchen, die entstehenden Schattenbilder – z.B. Tätigkeiten – zu erraten. Die Kinder lernen schnell, wie sie Schattenbilder erzeugen können. Lassen Sie die Kinder unterschiedliche Positionen zwischen Lichtquelle und Leinwand einnehmen – mal näher an der Lampe, mal weiter weg.
Gerade für schüchterne Kinder ist es eine wichtige Erfahrung, daß ihre „Größe" von der Position abhängt, die sie gerade zwischen Lampe und Leinwand einnehmen. Des weiteren können sie spielen, ohne von der ganzen Gruppe gesehen zu werden, und so mögliche Ängste überwinden.

Wie Selbstvertrauen durch die Erziehung gestärkt wird

Schüchternheit ist in verschiedenen Ländern auch unterschiedlich ausgeprägt. Japan und Taiwan gelten als Muster einer Gesellschaft, die Schüchternheit erzeugt. So sehen drei Viertel der Japaner nach einer Untersuchung die Schüchternheit als ein Problem. Kaum bekannt ist Schüchternheit in China und Israel. Chinesische Kinder kennen praktisch keine Schüchternheit, war die verblüffende Feststellung einer amerikanischen Delegation in chinesischen Schulen, Hospitälern und Familien.

Was wird in Japan anders gemacht als in China? In Japan ersticken Regeln und Rituale die Eigeninitiative. Die Angst vor der Schande bestimmt das Handeln. So ist auch im Japanischen das Wort für Schüchternheit eng mit dem Wort für Scham oder Schande verknüpft. In China dagegen bekommt jedes Kind seinen Platz in der Gesellschaft.

Die Menschen in Israel sehen in der Schüchternheit seltener ein Problem als jedes andere Volk. Die Israelis haben eine positive Einstellung zu Kindern. Sie gelten als Symbol des Lebens, stehen im Mittelpunkt, werden häufig gelobt, erhalten viel Bestätigung. Ihr Selbstvertrauen wird gefördert. Denn wenn Kinder spüren, daß die Erwachsenen hinter ihnen stehen, sie gut finden, dann werden sie stark und selbstsicher.

Erziehung zur Selbstsicherheit

Selbstsicherheit ist die Sicherheit, daß ich auf mich und meine Fähigkeiten bauen kann. Es hat also wieder viel mit Vertrauen zu tun. Wenn Eltern ihren Kindern vertrauen, können auch die Kinder sich vertrauen. Je seltener Eltern wertend in die Entwicklung eingreifen, um so sicherer kann sich das Kind entwickeln und auf eigene Faust seine Fähigkeiten entdecken. Wenn Sie Ihr Kind auf dem Weg zu Selbstsicherheit, Selbstvertrauen und Selbstbewußtsein unterstützen möchten, überprüfen Sie zunächst Ihr Erziehungsverhalten.

Elternschule

Es ist wichtig, sein Elternverhalten unter die Lupe zu nehmen. Das ist der Sinn des Notizblocks: Schauen Sie einmal genauer hin und fragen sich: Wie leicht hat mein Kind es mit seinen Eltern? Jeder Mensch ist einzigartig. Auch das Kind. Und das hat ein Recht darauf, ernst genommen zu werden. Lernen Sie, die Einzigartigkeit Ihres Kindes zu schätzen.

Dazu gehört auch, daß Sie Ihrem Kind, natürlich altersgemäß, Verantwortung übertragen. Ein Kind merkt sehr schnell, wenn Sie es ernst nehmen und ihm zutrauen, auch Aufgaben zu übernehmen.

Zu 1: Möchten Sie, daß Ihr Mann (Ihre Frau) in Ihrem Beisein über Sie redet? „Also meine Frau (mein Mann) hat heute wieder ...". Erwachsene sprechen dauernd über ihre Kinder, obgleich diese dabeistehen. Deren Anwesenheit wird übersehen, die kindliche Person gering geschätzt. Beziehen Sie Ihr Kind in das Gespräch ein, aber sprechen Sie nicht über es, wenn es anwesend ist.
Zu 2: Fernsehen führt zu Passivität, und Passivität ist ein Teil von Schüchternheit. Fernsehhelden vollbringen das, was das Kind nicht kann: sind beliebt, Draufgänger, mutig und trauen sich. Lassen Sie nicht zu, daß Ihr Kind seine unerfüllten Träume am Fernsehschirm auslebt. Das Fernsehen ist nicht das Leben. Das ist draußen vor der Tür. Und lassen Sie Ihr Kind nicht alleine fernsehen. Schauen Sie mit.
Zu 3 und 4: Wenn kindliche Tätigkeiten laufend unterbrochen werden, wächst im Kind der Glaube: Alles, was ich mache, ist falsch. Versuchen Sie mal einen Tag lang, nur hinzuschauen, nicht zu unterbrechen. Zeigen Sie dem Kind, daß Sie Vertrauen in es haben.
Zu 5 und 6: Was macht Sie geduldig oder ungeduldig? Viel Ungeduld zeigt einem Kind: Kind, du störst.
Zu 7 und 8: Jedes Kind braucht einmal am Tag Zuwendung, die ausschließlich ihm gilt. Ein Kind hat mehr von 15 Minuten Aufmerksamkeit als einen Tag lang nur nebenher zu laufen.
Zu 9 und 10: Kinder kann man nicht genug loben.
Zu 11: Nehmen Sie mindestens einmal am Tag ein „Nein" Ihres Kindes kommentarlos hin.
Zu 12: Machen Sie sich klar, welche Verhaltensweisen Sie bei Ihrem Kind nicht akzeptieren. Aber Vorsicht: Es sollten nur ganz wenige sein. Fragen Sie sich dann: Warum nicht?

Wie gehe ich mit meinem Kind um?

Beobachten Sie eine Woche lang Ihr Verhalten Ihrem Kind gegenüber, und notieren Sie am Abend regelmäßig wichtige Verhaltensweisen in diesem Notizblock.

1. Haben Sie heute mit anderen über Ihr Kind gesprochen, und Ihr Kind hörte mit?
2. Wissen Sie, welche Sendung oder welchen Film Ihr Kind heute gesehen hat?
3. Wie oft haben Sie heute die Tätigkeit Ihres Kindes mit Sätzen wie „Das darfst du nicht. Laß das. Das sollst du nicht. Das kannst du nicht." unterbrochen?
4. Wie oft haben Sie einfach nur dem Spiel Ihres Kindes zugeschaut?
5. Wie oft haben Sie ungeduldig reagiert?
6. Wie oft waren Sie innerlich und äußerlich geduldig?
7. Wie oft haben Sie aufmerksam den Erzählungen Ihres Kindes zugehört?
8. Wie oft haben Sie eher unaufmerksam den Erzählungen Ihres Kindes zugehört?
9. Wie oft haben Sie Ihr Kind heute gelobt?
10. Wie oft haben Sie Ihr Kind heute getadelt?
11. Haben Sie heute schon ein „Nein" Ihres Kindes ohne Kommentar hingenommen?
12. Was hat Sie heute besonders an Ihrem Kind genervt?

Grenzen erfahren – Räume öffnen

Es gibt Kinder, die ihre körperlichen Kräfte nicht einschätzen können, die sich immer wieder bis zur totalen Erschöpfung überfordern. Genauso gibt es Kinder, die sich ständig unterfordern. Und schließlich gibt es Kinder, die die Grenzen der Erwachsenen dauernd übertreten. Für die Kinder ist es aber wichtig, ihre Grenzen zu erfahren, um sie als persönliche Grenze zu erkennen. Grenzverletzungen müssen eindeutige Folgen haben. Ständige „Neins" seitens der Mutter ohne Konsequenzen für das Kind werden keine Wirkung mehr hervorrufen.

Die besondere Kunst für die Erwachsenen besteht darin, sowohl eine Unterforderung als auch eine Überforderung für die Jungen und Mädchen zu vermeiden. Ist eine Grenze richtig gesetzt, ist sie sowohl Ansporn für Aktivitäten als auch gleichzeitig eine Erfolgsgarantie. Grenzen setzen heißt aber nicht, Raum für eigene Entdeckungen wegnehmen: Unsere Kinder benötigen diesen Raum, um Dinge alleine ausprobieren zu können. Fehler machen zu dürfen, gehört zur kindlichen Entwicklung.

Wann müssen sich Erwachsene einmischen?

Bei berechtigten Sorgen um Gesundheit und Sicherheit bei den kindlichen Aktivitäten sollten Erwachsene zum Wohle des Kindes eingreifen. Unsere Sprößlinge möchten gerne so sein und vieles so tun wie die Erwachsenen oder ältere Kinder: Der Vater erledigt den Einkauf mit seinem Fahrrad, also kann auch ich das Eingekaufte mit meinem Dreirad nach Hause bringen. Daß mein Dreirad zu klein ist für die vielen schweren Dinge, kann ich noch nicht überblicken, muß ich noch erfahren.

Die sechsjährige Sarah klettert flink das steile Klettergerüst hinauf. Ich als Dreijähriger mit meinen kurzen Beinen bleibe bei der zweiten Sprosse hängen.

Wir Erwachsenen haben die Aufgabe, unsere Kinder vor Gefahren und vor Überforderung zu schützen. Um aber dem Entdeckerdrang keine Bevormundung entgegenzusetzen, geben wir dem Kind positive Alternativen. Dieser Weg wirkt sehr schwer. Versuchen Sie es doch einmal hier.

Stereotypsätze vermeiden

Erinnern Sie sich an Ihre eigene Kindheit: Gab es da nicht Sätze Ihrer Eltern, die Ihnen verhaßt waren, wie zum Beispiel „Das ist nichts für kleine Kinder“? Wenn vieles, was ich tun möchte, von vornherein nicht gutgeheißen wird, habe ich keine Möglichkeiten, Neues auszuprobieren. Für die Entwicklung von Selbstbewußtsein ist dies nicht förderlich. Verwenden Sie vielleicht auch solche Stereotypsätze? Der Notizblock soll Ihr Bewußtsein dafür schärfen.

Hier einige Sätze, die gegenüber Kindern besser nicht gesagt werden:

Sätze, die besser nicht gesagt werden

Alle „Immer-Sätze“ und „Schon-wieder-Sätze“ wie: Immer machst Du etwas kaputt. (Schon wieder hast Du etwas kaputt gemacht.) Immer stellst Du Dich so dumm an. Immer redest Du dazwischen.

Alle „Du-bist-zu-Sätze“: Dafür bist Du noch zu klein, zu schwach, zu dumm, zu dick.

Alle „Sei-doch-nicht-so-Sätze“: Sei doch nicht so ängstlich, so schüchtern, so eine Nervensäge, so faul. Hier öffnen Erwachsene Schubladen, in die sie ihre Kinder hineinstecken, aus denen diese dann nur noch mit Mühe wieder herauskommen.

Geben Sie Ihrem Kind die Chance, Kind zu sein. Es muß sich ausprobieren können, um Selbstsicherheit zu bekommen.

Kinder ernst nehmen: zuhören und reden

Für den Aufbau von Selbstbewußtsein ist es wichtig, ernst genommen zu werden. Dem Kind zuzuhören und mit ihm als Person zu reden, sich ganz und gar dem Kind zu widmen – mit den Augen und mit den Ohren wahrnehmen, was es möchte, und bewußt darauf eingehen – sind wichtige Voraussetzungen.

Dabei ist es zunächst hilfreich, wenn Sie sich auf eine Ebene mit Ihrem Kind begeben: Wenn Sie Ihr Kind ansprechen, sollten Sie es hochheben oder sich zu ihm auf den Boden setzen.

Nehmen Sie Ihr Kind ernst, und übertragen Sie ihm ruhig kleinere Aufgaben, die natürlich altersgemäß sein sollten. Dadurch übertragen Sie ihm Verantwortung und gleichzeitig das Gefühl, durchaus etwas leisten zu können.

Selbstbewußtsein setzt sich aus vielen Teilen zusammen. Mit Geschichten, Spielen und alltagsbezogenen Rollenspielen kann Selbstbewußtsein eingeübt und gefestigt werden.

Der dumme Paul

Die folgende Geschichte erzählt von Paul, der gerne groß wäre. Als er die Konsequenzen des Groß-Seins bemerkt, möchte er wieder Kind sein. Reden Sie mit Ihrem Kind anschließend über diese Geschichte. Wie hat sie dir gefallen? Stellen Sie die Frage, ob es klug ist, ein Kind dumm zu nennen.

Paul ist der Kleinste in der Familie. Er muß auf alle anderen hören. Nie darf er machen, was er will. Nur wenn niemand zu Hause ist, kann er so richtig durch die Wohnung toben. Gestern war so ein Tag. Paul hatte sich das Tablett aus der Küche und den Besen aus der Kammer geholt. Mit dem Besenstiel als Lanze und dem Tablett als Schild spielte er in der Diele Ritterturnier. Alle Ritter des Landes waren angetreten, um mit dem edlen Paul ihre Kräfte zu messen. Als ersten nahm sich Paul den Schwarzen Ritter vor. Schon im ersten Anlauf hob er ihn mit seiner Lanze aus dem Sattel. Da blieb er mit dem Stock an der Lampe hängen. Sie fiel scheppernd auf den Boden und zerbrach. Als die Eltern nach Hause kamen, waren sie sehr wütend. Sie sagten, Paul sei dumm und ungeschickt. Ritterturnier darf er jetzt auch nicht mehr spielen.

Jetzt liegt Paul auf seinem Bett. Regen prasselt gegen das Fenster. Keiner möchte mit ihm spielen. Er träumt vor sich hin. Ich will nicht mehr ich sein, denkt er. Ich will größer sein! Wenn ich so groß wie meine Schwester Andrea wäre, dann könnte ich machen, was ich will. Das ist bestimmt toll.

Und während Paul sich ausmalt, wie das sein könnte, schläft er ein. Da merkt er, wie seine Beine über den Rand seines Kinderbettes hinauswachsen. Schnell steht er auf und rennt ins Badezimmer. Als er in den Spiegel sieht, erschrickt er. Das ist nicht Paul, den er da sieht, sondern ein Mädchen, das ein bißchen so aussieht wie Andrea. Kann das denn wahr sein? Da kommt Pauls Vater ins Badezimmer. Dem scheint gar nichts aufzufallen. Er treibt Paul, der ja nun eigentlich Andrea ist, an, daß er sich schnell fertig machen müsse, um in die Schule zu gehen. Eilig zieht Paul die Kleider seiner Schwester an, wäscht sich, frühstückt und rennt in die Schule. Rasend schnell vergeht der Tag. Als Paul müde nach Hause kommt, muß er nach dem Mittagessen sofort Hausaufgaben machen. Das fällt ihm sehr schwer. Er braucht bis zum Abend. Da muß er schon wieder ins Bett.

Das alles gefällt mir nicht, denkt Paul. Dann möchte ich lieber noch größer sein – vielleicht gefällt es mir als Mutter. Ich schicke meine Kinder in den Kindergarten und in die Schule. Dann sitze ich gemütlich im Büro. Anschließend gehe ich einkaufen und hole meine Kinder wieder ab. Und zu Hause kann ich kochen, was ich möchte, und anschließend mit meinen Kindern spielen.
Am nächsten Tag hat sich Paul tatsächlich in seine Mutter verwandelt. Aber er muß sich jetzt andauernd beeilen – auch während der Arbeit. Die Zeit ist viel zu kurz. Immerzu klingelt das Telefon, und die Chefin möchte gleichzeitig wichtige Unterlagen haben. Vom Büro rennt er zum Einkaufen und von dort zum Kindergarten, um Paul abzuholen. Daheim darf er nur kochen, was die anderen mögen. Nachmittags muß er bügeln, aufräumen und den Streit der Kinder schlichten.
Das mag ich nicht, ärgert sich Paul. Jetzt möchte ich ein großer Mann sein. Und wieder verwandelt sich Paul – diesmal in seinen Vater.
Statt jedoch immer mit dem Auto zu fahren und den ganzen Tag tolle Sachen zu machen, muß er zu einer Tagung in eine andere Stadt fahren. Doch auf dem Weg zum Bahnhof bleibt der Bus in einem Stau stecken, alle Straßen sind verstopft. Er muß zu Fuß gehen. Am Bahnhof ist eine lange Schlange am Fahrkartenschalter. Als er endlich seine Fahrkarte gekauft hat, ist der Zug längst abgefahren. Dabei muß er doch pünktlich dort sein, da in der anderen Stadt ein Kollege auf ihn wartet ...
Paul schwitzt und ist total aufgeregt. Da merkt er, daß er noch immer in seinem Bettchen in der Kammer unter dem Dach liegt. Er hat geschlafen und dabei geträumt. Er freut sich riesig, daß er am nächsten Tag nicht zur Arbeit oder in die Schule muß. Groß sein jedenfalls will er in nächster Zeit noch nicht. Na ja, vielleicht ein bißchen größer schon, damit er zumindest im Kindergarten zu den Großen gehört. Bevor er jedoch ganz groß ist, will er sich noch genau überlegen, was er dann werden will. Paul ist eben doch schon ganz schön schlau.

Vor der Traumreise

Wir alle haben Träume und Phantasien. Am Spiel des Kindes erkennen wir, welche und wieviel Phantasien es auslebt. Bei einer Traumreise erleben Kinder intensiv ihre Phantasiewelt. Sie können innere Vorstellungen entdecken, neue Verhaltensmuster durchdenken, sich selbst erfahren.

Für die Entwicklung von Selbstbewußtsein kann eine Traumreise sehr hilfreich sein. In entspannter Atmosphäre können Konfliktsituationen, die zunächst unlösbar erscheinen, durchdacht und zu einer zufriedenstellenden Lösung gebracht werden. Die Kinder können ihre Wünsche und Verhaltensweisen vor ihrem inneren Auge abspielen lassen, bevor sie diese in der Realität erproben. Traumreisen können sowohl mit einzelnen Kindern als auch in der Gruppe durchgeführt werden.

Eine ganz wichtige Voraussetzung für das Gelingen ist, daß die Traumreise freiwillig angetreten wird. Erkunden Sie, ob die Reise den Bedürfnissen Ihres Kindes entspricht. Damit es loslassen kann, ist Sicherheit und Vertrauen in die Situation nötig. Geben Sie Ihrem Kind deshalb Geborgenheit. Suchen Sie vorher gemeinsame Entspannung, etwa mit Hilfe einer ruhigen Musik. Gestalten Sie den Raum behaglich (z.B. Kerzenschein). Sorgen Sie für eine bequeme Liegeposition für das Kind (Decke, Matratze, Kopfkissen).

Nehmen auch Sie während der Traumreise eine bequeme Position ein. Sprechen Sie langsam und ruhig, machen Sie Pausen, um Gelegenheit zum Phantasieren zu geben. Es kann nötig sein, die Traumreise dem Alter der Kinder entsprechend zu variieren. Machen Sie sich im Vorfeld darüber Gedanken.

Im Sand am Strand

Alter: ab 3 Jahren
Teilnehmer: 1 Erwachsener, 1 Kind oder mehrere

Nachdem es sich alle Teilnehmer bequem gemacht haben, beginnen Sie ruhig und langsam die folgende Traumreise vorzulesen:

Stell dir vor, du bist am Meeresstrand. Wie sieht es dort aus? ... Geh ein wenig umher ... Wie ist der Strand? ... Bück dich mal, tauch den Finger in den Sand ... Geh jetzt mit nackten Füßen zum Wasser, streck den großen Zeh hinein ... Zieh die Luft durch die Nase ein. Was riechst du? ... Ist auch etwas zu hören? ... Was spürst du auf der Haut? ... Gefällt es dir hier? ... Du legst dich auf deinen Rücken in den Sand ... Schließe deine Augen und spüre den Sand ... Er ist warm und weich ... Du läßt den Sand durch deine Finger rieseln ... Die Sonne scheint auf deinen Bauch ... Ein wohliges Gefühl durchläuft deinen Körper ... Eine sanfte warme Brise weht über deinen Körper ... Du spürst ihr nach ... Das Meeresrauschen dringt an deine Ohren ... sanfte Wellen, laute Brandung ... Möwengeschrei ... Eine kleine Woge umspült sanft deine Füße ... Deine Waden werden feucht, dein Rücken, dein Kopf. Du legst dich auf diese Woge und läßt dich hinaustragen ins Meer ... sachte schaukelst du auf ihr ... die wärmenden Sonnenstrahlen, eine leichte Brise sorgen für dein Wohlbefinden ...
Die Welle trägt dich an den Strand zurück ... Sanft läßt sie dich auf den Sand gleiten ... Du kehrst durch die Dünen zurück ... Gleich bist du wieder bei uns ... Wenn du dich stark genug fühlst, recke und strecke dich und öffne deine Augen.

Ganz wichtig: Sprechen Sie mit Ihrem Kind über seine Eindrücke, und wenn ein Elternteil mitmacht, würde das Kind das Ungewöhnliche dieser Situation leichter akzeptieren. Fragen Sie: Wie war das für dich? Was hast du gesehen, gehört, gerochen? Hat es dir Spaß gemacht?

Hör doch mal, was ich zu sagen habe

Wissen Sie eigentlich, was in Ihrem Kind vor sich geht? Kann es seine Hemmungen überwinden und seine Gefühle offen zeigen? Wer macht ihm Angst, und wer lehnt es ab? Gibt es Konflikte in Ihrem Verhältnis, die Sie bisher nicht erkannt haben? Auch wenn Sie meinen, daß Sie Ihr Kind genau kennen, können Ihnen die folgenden Spiele nicht nur gemeinsam eine Menge Spaß machen, sondern auch einige verborgene Seiten ihrer gemeinsamen Beziehung aufdecken.

Eltern und Kinder

Alter: ab 3 Jahren
Teilnehmer: 1 Kind, 1 Erwachsener

Die Kinder können in diesem Spiel ihre Sicht der Erwachsenenwelt zeigen. Die Eltern können erkennen, wie die Kinder die Welt der Erwachsenen – wahrnehmen.

Das Kind spielt einen Elternteil, der Erwachsene das Kind. Wenn Kinder miteinander spielen, werden die Rollen untereinander aufgeteilt. Sie können nach einem festgelegten Zeitrahmen getauscht werden.
Das Kind, das den Erwachsenen spielt, hat die Aufgabe, seine Sichtweise vom Alltag der Großen zu spielen. Zum Beispiel: Wie geht Mutter mit mir um, wenn ich ihr nicht gehorche, was macht Vater, wenn ich ihn beim Lesen der Zeitung störe? Was würde ich denn beispielsweise als „Erwachsener“machen, wenn mein „Kind“ mich ärgert? Im Zusammenspiel mit den anderen werden verschiedene Möglichkeiten ausprobiert.
Die Verhaltensweisen des Elternteils sollten kindgemäß sein, damit das Kind die Wirkung seiner alltäglichen Reaktionen spüren kann.

Wortduell

Alter: ab 3 Jahren
Teilnehmer: mindestens 2

Wer selbstbewußt und mit Nachdruck sagen kann, was er will oder nicht, ist einem selbstbewußten Auftreten schon wesentlich näher.

Zwei Kinder sitzen sich gegenüber. Was man erreichen will, muß vorher bestimmt werden. Zum Beispiel: Das Kind soll erreichen, daß der Mitspieler aufsteht und geht. Also muß es mit Worten versuchen, daß dies geschieht.
Eine zweite Möglichkeit ist zu sagen „Ich will jetzt mit dir spielen.“ Wieder muß mit Worten versucht werden, daß der andere mitspielt. Der andere Spieler kann darauf eingehen oder sollte versuchen zu erklären, warum er sich weigert.

Ich schrei heraus, was ich fühle

Alter: ab 3 Jahren
Teilnehmer: mindestens 2 Kinder

Kinder lernen, Dampf abzulassen und Gefühle zu äußern.

Zunächst sitzen alle mit geschlossenen Augen auf dem Boden. Auf das Kommando „Los“ beschweren sich alle lautstark (z. B. blöde Schule oder langweiliges Spiel usw.). Nach drei Minuten sollen alle die Augen öffnen. Das Ganze wiederholt sich, aber die Mitspieler schauen sich an. In der Regel löst sich das Schreien in gemeinsames befreiendes Lachen auf.

Zwei Stühle für ein Kind

Alter: ab 5 Jahren
Teilnehmer: 1 Kind,
1 oder mehrere Zuschauer
Material: 2 Stühle

Das Kind kann lernen, die Ängste, die ein anderer Mensch bei ihm auslöst, auszusprechen und sichtbar zu machen.

Es wird eine Situation gespielt, unter der das Kind leidet. Darüber ist vor Beginn des Spieles bereits gesprochen worden. Ein Beispiel: Michael möchte den beliebten Jens fragen, ob er ihn besuchen kommt. Michael traut sich aber nicht. Denn Jens könnte ja sagen: „Bist du blöd? Mit dir spiel' ich doch nicht.“ Um bei dem Beispiel zu bleiben: Michael setzt sich auf den einen Stuhl und denkt sich Jens auf den anderen. Jetzt darf er alles machen: Jens anschreien, beschimpfen, ihm sagen: „Du bist blöd“ und zum Schluß sagen: „Wenn du nicht mit mir spielen willst, dann bist du ganz blöde.“ Dann wechselt Michael den Platz und setzt sich auf Jens' Stuhl. Nun antwortet Jens auf die Beschimpfungen. Jetzt geht Michael wieder auf seinen Stuhl zurück und kann auf das reagieren, was Jens gesagt hat.
Durch dieses Spiel hat Michael die Möglichkeit, seine Ängste laut herauszuschreien. Allein dies ist schon ein Stück Befreiung. Zusätzlich kann er in die Rolle des beliebten Jens schlüpfen und empfinden, was in diesem wohl vor sich gehen mag. Der Wechsel vom Schüchtern-Ängstlichen zum Beliebt-Selbstbewußten schafft ein Stück Vertrautheit zum Selbstbewußtsein. Hindernisse werden abgebaut, und der Spieler kann die Rolle des Selbstbewußten auskosten. Das heißt, ein Stück Angst, das Verhalten zu verändern, wird so genommen.
Wenn das Kind Hemmungen hat, das Spiel zu spielen, dann sollte es ihm ein Erwachsener vormachen.

3 Nicht aller Anfang muß schwer sein – Erste Tage im Kindergarten

Die ersten drei Lebensjahre verbringen Kinder meist im geschützten Raum. Lebensmittelpunkt ist das Zuhause. An der Hand der Eltern oder eines anderen Erwachsenen werden die ersten Schritte in die Welt gewagt.
Der Eintritt in den Kindergarten ist für viele Kinder eine gewaltige Umstellung, denn sie verlassen zum erstenmal alleine und auf sich gestellt den behüteten Rahmen und stellen sich den Anforderungen der Gesellschaft.
Lebensmittelpunkt wird nun mehr und mehr der Kindergarten. Andere Menschen außerhalb der Familie gewinnen an Bedeutung. Das Kind muß seinen Platz in der Gruppe erobern. Das junge Selbstbewußtsein wird auf die Probe gestellt.

Vor dem ersten Tag

Eltern können ihrem Kind helfen, die ersten Tage im Kindergarten zum spannenden Erlebnis werden zu lassen. Bereiten Sie Ihr Kind auf das Neue vor, indem Sie darauf eingehen, was spannend und aufregend an einem Kindergarten ist. Dazu können Sie ruhig auch einmal von sich selbst erzählen:
Versuchen Sie doch einmal, sich an Ihren ersten Kindergartentag zu erinnern. Wissen Sie noch, wie es war? Was haben Sie empfunden, als Sie dort waren und viele fremde Gesichter sahen? Und heute, wenn Sie an die Zeit zurückdenken, fällt Ihnen ein besonderes Erlebnis ein? Kinder lieben solche Geschichten. Wenn Sie als Erwachsener Ihre Gefühle zugeben können, machen Sie es Ihrem Kind leicht, auch Gefühle zu erkennen und zu benennen.
Erleichtern Sie Ihrem Kind den Einstieg, indem Sie das Neue zum Vertrauten machen. Gehen Sie vor dem offiziellen ersten Tag schon einmal

die Strecke ab. Schauen Sie sich zusammen das Gebäude von allen Seiten an.
Allerdings: Wie Kinder ihren ersten Kindergartentag erleben, hängt nicht nur von den kleinen Starthilfen ab, die Eltern vorher geben können. Die Erfahrungen aus den ersten drei Lebensjahren sind entscheidender.

In eine neue Welt

Susanne ist drei Jahre und fünf Tage alt, als sie am ersten Montag im September ihre funkelnagelneue Kindergartentasche umhängt und am Pullover ihres Papas zerrt: „Komm jetzt endlich.“ Zehn Minuten dauert der Fußweg zum Kindergarten. Susanne hüpft an der Hand des Vaters und plappert ohne Pause: „Freue mich, freue mich. Papa, ich freue mich.“ Kurz vor dem Kindergarten reißt sich Susanne los, rennt die vier Stufen zur Haustüre ihres Kindergartens hoch, stürmt auf eine Frau zu, die etwas sagt, was Susanne aber nicht wahrnimmt, weil sie weiter bis in einen großen Raum rennt, in dem lauter Kisten mit Spielzeug stehen. Da bleibt Susanne stehen, atmet tief ein und aus und lacht.
Thomas ist drei Jahre und sechs Monate alt. Die funkelnagelneue Kindergartentasche hängt ihm die Mutter um: „Komm jetzt“, sagt sie zu Thomas, der keinerlei Anstalten macht, freiwillig mitzugehen. Zehn Minuten dauert der Fußweg zum Kindergarten. Thomas hängt an der Hand der Mutter. „Ach komm, Thomas, laß dich nicht so ziehen“, sagt sie. Thomas schweigt. Vor den vier Stufen zur Haustüre des Kindergartens klammert er sich an ihre Hose. Die Frau im Kindergarten kommt die vier Stufen herab, beugt sich runter zu Thomas und sagt: „Na? Am liebsten würdest du dich wohl im Hosenbein deiner Mutter verstecken. Wenn du mit mir kommst, gebe ich dir ein Tuch, hinter dem du dich verbergen kannst.“
Zwei Kinder auf ihrem Weg in eine neue Welt. An ihrem Verhalten können wir erkennen, daß das, was sie schon erlebt haben, was sie erhoffen oder befürchten, sehr unterschiedlich ist. Und daß sie unterschiedliche Formen der Unterstützung erfahren müssen, wenn sie den neuen Alltag unbeschadet überstehen sollen.
Susanne hat bereits Gruppenerfahrung. Sie war in einer Krabbelgruppe. Nun kann sie bereits, losgelöst von den Eltern, einen Teil ihres Tages in einer Gruppe mit anderen Kindern verbringen.
Thomas hat die ersten dreieinhalb Jahre seines Lebens meist mit seiner Mutter verbracht. Er war in keiner Krabbelgruppe, hat keine Geschwister und nur selten Kontakt zu anderen Kindern gehabt. Seine Mutter sagt von ihm: „Er ist ängstlich und scheu.“ Vielleicht ist sein Verhalten aber auch nur der Ausdruck einer fehlenden Erfahrung im Umgang mit fremden Erwachsenen und anderen Kindern.

Das Selbstvertrauen auf die Probe gestellt

Wenn ein Kind mit drei oder vier Jahren in den Kindergarten kommt, ist es bereits von vielen Erlebnissen geprägt. Viele davon sind den Eltern gar nicht bekannt. Nicht, weil sie nicht dabei gewesen wären, sondern

weil sie einfach nichts bemerkt hatten. Ein Kind erlebt anders als ein Erwachsener. So kann zum Beispiel die Geschichte von einer bösen Stiefmutter mit schwarzen Haaren dazu führen, daß das Kind sich vor allen Frauen mit schwarzen Haaren fürchtet. Aber keiner der Erwachsenen weiß, woher die Furcht rührt. Sie haben die schwierige Aufgabe, in vielen Fällen das Woher und Warum zu suchen. Das ist um so schwerer, weil sie die Zeit im Kindergarten nicht unmittelbar miterleben, sondern nur aus den Erzählungen ihres Kindes oder der Erzieherin erschließen können.

Die erste Trennung

„Papa, wie lange dauert es noch bis Weihnachten?" „Dreimal schlafen." Das ist die Zeitrechnung, die Kinder verstehen. Bis zum Schuleintritt haben sie kaum eine Vorstellung von Minuten oder Stunden. So können Kinder auch nicht einschätzen, was es bedeutet, sich von ihren Eltern für viele Stunden zu trennen. Da mag die Freude auf den Kindergarten noch so groß sein, in dem Moment, wo Vater oder Mutter gehen wollen, kann alles kippen. Was tun?

Da hilft in den ersten Tagen nur eines: beim Kind bleiben. Gehen Sie nicht weg. Verbringen Sie diese ersten Stunden zusammen mit Ihrem Kind im Kindergarten.

Wenn ein Kind seine Eltern nicht gehen lassen will, dann befürchtet es oft, daß sie nicht wieder kommen. Das Gehen und Wiederkommen muß gelernt werden. Zuerst gehen die Eltern für eine Minute aus dem Blickfeld des Kindes, dann wird die Zeit ausgedehnt und schließlich werden ein, zwei und drei Stunden Abwesenheit geübt.

Was aber, wenn eine Trennung für Stunden schon völlig problemlos war, und plötzlich fängt Ihr Kind an zu weinen, wenn Kindergartenzeit ist? Dann müssen Sie der Ursache nachspüren. Der nebenstehende Notizblock soll Anleitung sein, das Rätsel zu lösen.

Wenn Kinder weinen

Der erste Fragenteil hilft Ihnen festzustellen, ob Sie Ihr Kind vielleicht nicht loslassen können und ihm daher den Weg von Ihnen weg erschweren:

1. Fühlen Sie sich unwohl, wenn Sie spüren, daß Ihr Kind Sie nicht mehr rund um die Uhr braucht?
2. Werden Sie eifersüchtig, wenn Ihr Kind vertrauensvoll mit anderen Erwachsenen umgeht?
3. Langweilen Sie sich zu Hause, wenn Sie nun zeitweise alleine sind?

Wenn Sie auch nur eine dieser vier Fragen mit Ja beantwortet haben, dann ist es ein Hinweis darauf, daß Sie unter der Trennung leiden. Auch wenn Sie glauben, daß Sie sich gut beherrschen können: Ihr Kind spürt Ihre Trauer. Es wird Probleme haben, unbelastet von Ihnen wegzugehen. Das könnte der Grund für das Weinen sein. Sie können diese Vermutung testen, indem Sie Ihr Kind von jemand anderem in den Kindergarten bringen lassen. Wenn es dann nicht weint, hat sein Weinen eher etwas mit Ihnen als dem Kindergarten zu tun.
Versuchen Sie nicht, Ihre Trauer zu verstecken. Sprechen Sie sie aus. Das hilft Ihnen beiden.

Die folgenden Fragen sollen Ihnen helfen, festzustellen, ob Ihr Kind Angst hat, zu Hause etwas zu verpassen, oder ob es sich abgeschoben fühlt:

1. Hat Ihr Kind Geschwister, die zu Hause bleiben, während es in den Kindergarten geht?
2. Ist es eifersüchtig oder reagiert es eifersüchtig, wenn Sie sich jemand anderem zuwenden?
3. Oder hat das Kind schon die Trennung der Eltern erleben müssen?

Wenn ein Kind Geschwister hat, die zu Hause bleiben, während es in den Kindergarten geht, wenn es zur Eifersucht neigt und seine Eltern nur für sich alleine haben will, kann es sein, daß es Angst hat, zu Hause etwas zu verpassen.
Wenn es dagegen schon einmal eine Trennung erlebt hat, kann es natürlich Angst haben, sich von der Mutter oder dem Vater zu trennen.
In beiden Fällen erleichtern Sie Ihrem Kind den Einstieg in den Kindergarten, indem Sie es an Ihrem familiären Tagesablauf Anteil nehmen lassen. Berichten Sie, was in seiner Abwesenheit geschah. Das stachelt gleichzeitig Ihr Kind an, aus seiner Zeit im Kindergarten zu berichten. So kommt es zu ersten Dialogen.

Das Weinen kann aber auch ganz andere Ursachen haben:

1. Weint Ihr Kind, wenn es etwas leisten soll?
2. Weint es, wenn es Ärger mit anderen Kindern hat?

Wenn ein Kind aufgrund einer erkennbaren Ursache weint, ist die Kindergärtnerin gefragt. Sprechen Sie sie an.

Neue Bezugspersonen, neue Kinder

Susanne war vor ihrem ersten Kindergartentag bereits in einer Krabbelgruppe. Sie fand es toll, mit anderen Kindern zu spielen. Der Erzieherin konnte sie vertrauen, da diese ihre Ängste ernst nahm. Den Eltern war es wichtig, daß sie früh mit anderen Kontakt hatte. Das alles machte es Susanne leicht, sich zeitweilig von Vater und Mutter zu trennen. Der Wechsel in den Kindergarten war dadurch leicht, auch wenn sie nun eine neue Erzieherin hat.

Die Erzieherin ist neben den Eltern jetzt die wichtigste Ansprechpartnerin für das neue Kindergartenkind. Sie hat die Aufgabe, die Neuen zu integrieren. Mit fremden Kindern zusammenzutreffen kann ein Abenteuer sein, das gemischte Gefühle auslöst. Manche Jungen und Mädchen sind zurückhaltender als andere. Dann gehört das Kennenlernen neuer Menschen zu den schwierigeren Aufgaben im Leben. Andere Kinder sind noch ungeübt im Umgang mit Menschen: Sie sind Einzelkinder oder haben wesentlich ältere Geschwister.

Kinder sind eigenständige Persönlichkeiten mit Stärken und Schwächen. Eine Gruppe gibt ihnen vielfältige Möglichkeiten, voneinander zu lernen: durch das Beobachten der älteren Kinder und das Nachahmen von deren Fähigkeiten. Sie probieren aus. So lernt ein Kind im Umgang mit den anderen Kindern: Kein Kind kann alles, aber viele Kinder können vieles – und jedes Kind darf um Hilfe bitten.

Unterschiedliche Fähigkeiten der Jungen und Mädchen machen den Kindergarten zu einem spannenden Abenteuer: Susanne ist flink beim Fangen-Spielen; Markus kann gut einen Streit schlichten; Karolin baut die höchsten Türme mit Holzbausteinen; Thomas ist gut beim Memory-Spielen; Laura hat die besten Ideen für Rollenspiele.

Jedes Kind kann so Erfahrungen sammeln und dadurch Selbstbewußtsein tanken, um andere Situationen, in denen es nicht so gut ist, besser bewältigen zu können. Es hilft, eigene Schwächen zu akzeptieren, und macht Mut, auch neue Aufgaben anzupacken.

Wie Kinder Verhaltensweisen nachahmen

Unsere Kinder schauen sich vieles bei älteren Kindern und uns Erwachsenen ab: das erste Lachen, groß und stark sein wie der ältere Bruder, so sein wie Mama oder Papa – „Was er/sie kann, kann ich auch“. Eltern, die offen auf andere zugehen, kontaktfreudig sind, eigene Fehler zugeben und Schwächen eingestehen können, sind das ideale Vorbild für ihre Kinder.

Unsichere, kontaktscheue Eltern, die sich nach der Meinung anderer richten („Was sollen die Nachbarn nur denken?“), geben dem Kind kaum eine Möglichkeit, sich frei zu entfalten, zum Aufbau von Selbstwertgefühl, Selbstsicherheit und Selbstbewußtsein. Dabei beobachten Kinder sehr genau, wie sich ihre Eltern im Kontakt mit anderen Erwachsenen verhalten.
Ebenso haben Freunde der Eltern, Nachbarn, andere Kinder, Erzieher und Lehrer Vorbildfunktion und damit Einfluß auf Verhaltensweisen unserer Kinder.
So ist Elternsein auch die Chance für die Erwachsenen, das eigene Verhalten immer wieder neu zu überprüfen. „Was du nicht willst, was man dir tut, das füg auch keinem and’ren zu“, sagt der Volksmund. Abgewandelt läßt sich sagen: Was Eltern nicht wollen, daß ihre Kinder tun, das sollten sie gefälligst auch selbst nicht tun.

Vertrauen fördern, Trennungsängsten begegnen

Selbstbewußtsein baut auf Selbstvertrauen auf. Um Selbstvertrauen zu haben, benötige ich Vertrauen in andere: in meine Eltern, meine Freunde, die Erzieherin.

Die folgenden Spiele helfen dem Kind, Vertrauen aufzubauen. Damit werden Situationen, in denen Vertrauen benötigt wird, besser bewältigt.

Tom sagt ...!

Alter: ab 3 Jahren
Teilnehmer: mindestens 2 Kinder

Bei diesem Spiel müssen die Jungen und Mädchen genau zuhören und die Anweisungen eines Einzelnen befolgen. Der Einzelne, der das Sagen hat, darf darauf vertrauen, daß die anderen auf ihn hören und seine Kommandos befolgen. Für manche Kinder ist dieses Spiel die erste Gelegenheit in ihrem Leben, daß jemand endlich einmal das tut, was sie wollen.

Ein Kind (zum Beispiel Tom) ist der Spielleiter. Toms Kommandos müssen ausgeführt werden, wenn er mit „Tom sagt, ...“ beginnt. „Tom sagt, faß deine Haare an“, „... leg dich auf den Boden“, „... geh in die Hocke“, „... halte deine Ohren zu“.
Die Mitspieler dürfen nichts tun, wenn das Kommando ohne „Tom sagt, ...“ beginnt. Jeder, der dann doch den Befehl befolgt, bekommt einen Strafpunkt oder muß ausscheiden.
Wichtig: Jeder Mitspieler sollte einmal die Rolle des Befehlenden übernehmen.

Wen erkenne ich?

Alter: ab 3 Jahren
Teilnehmer: 3 und mehr
Material: Tuch zum Verbinden der Augen

Die Jungen und Mädchen sollen Vertrauen in die Gegebenheiten des Raumes und zu den Mitspielern aufbauen.

Einem Mädchen oder Jungen werden die Augen verbunden. Die anderen Kinder und auch die Erwachsenen verteilen sich im Raum und bleiben an dem gewählten Platz. Das Kind mit den verbundenen Augen versucht, Personen zu entdecken. Wenn es jemanden gefunden hat, versucht es, durch Ertasten zu erraten, wer der Eingefangene ist. Jüngere Kinder können dieses Spiel auch mit geschlossenen Augen spielen.
Achtung: Gegenstände, über die das Kind beim Spiel fallen könnte, sollten beseitigt werden.

Notizblock für Kinder

Das nervt mich an dir

Auf einen Notizblock darf das Kind entweder selber schreiben oder seinen Eltern diktieren – wenn es noch nicht schreiben kann –, was es an seinen Eltern, Geschwistern, Erziehern und allen anderen Erwachsenen nervt. Es gilt folgende Regel: Der Erwachsene darf das, was das Kind sagt oder schreibt, mit keinem Wort bewerten. Er muß es einfach so hinnehmen. So hat das Kind die Möglichkeit, einmal ungestraft zu sagen, was es momentan denkt oder fühlt.

Sich fallen lassen

Alter: ab 5 Jahren
Teilnehmer: mindestens 2

Mit diesem Spiel kann ein Kind Vertrauen in die Spielpartner aufbauen. Sie werden es immer auffangen. Im übertragenen Sinne kann es sich dann mit all seinen Problemen seinen Freunden anvertrauen und ihnen vertrauen.

Die beiden Mitspieler stehen hintereinander. Der Abstand beträgt zunächst etwa die Armeslänge des hinteren Mitspielers. Wenn beide bereit sind, schließt der vordere seine Augen und läßt sich langsam nach hinten fallen. Er wird vom hinteren aufgefangen. Ist Vertrauen aufgebaut und der hintere Spieler stark genug, kann der Abstand vergrößert werden.

Dieses Spiel kann auch in einer größeren Gruppe durchgeführt werden: Sechs bis acht Kinder bilden einen engen Kreis. Ein Kind stellt sich in den Kreis. Auf Kommando läßt es sich nun langsam fallen. Die Kinder im Kreis müssen verhindern, daß das Kind auf den Boden fällt: Sie schubsen es immer leicht zurück in Richtung Kreismitte. Ist das Vertrauen groß genug, schließt der Spieler in der Kreismitte während des Spiels die Augen.

Andrea hat Bauchweh

Es ist Dienstag morgen, halb acht, Zeit zum Aufstehen. Wie jeden Tag wird Andrea von ihrer Mutter geweckt. Wie jeden Tag soll sie nach dem Frühstück in den Kindergarten gehen. Wie jeden Morgen zieht der Duft von frisch gekochtem Kakao durch ihr Zimmer. Doch heute kann sie ihn nicht genießen. Ein fürchterliches Grummeln durchzieht ihren Bauch. „Ich habe Bauchschmerzen. Ich kann heute nicht aufstehen!" klagt sie ihrer Mutter ihr Leid. „Ist es denn wirklich so schlimm?" fragt die Mutter nach. „Oh ja, ganz dolle Schmerzen habe ich", antwortet Andrea. Der Mutter kommt die Sache nicht ganz geheuer vor. Gestern war Andrea noch putzmunter, hat den ganzen Nachmittag draußen gespielt. Hat das Abendessen in vollen Zügen genossen. Keine Anzeichen von irgendeiner Krankheit. Nur gut, daß ich heute nicht arbeiten muß ...
„Soll ich dir eine Wärmflasche machen?" schlägt die Mutter vor. „Oh ja, die hilft mir ganz bestimmt", ist Andreas schnelle Antwort. Die Mutter be-

reitet ihr die Tigerentenwärmflasche. Nun setzt sie sich zu Andrea auf die Bettkante. „Wir haben Glück! Ich muß heute nicht arbeiten. Da kannst du im Bett bleiben, und ich kann dich pflegen. Morgen bist du dann bestimmt wieder gesund und kannst in den Kindergarten gehen." „Das ist aber toll, daß du bei mir bleiben kannst", freut sich Andrea.
Ihre Mutter geht in die Küche, um für sich das Frühstück zuzubereiten. Plötzlich steht Andrea neben ihr. „Ab ins Bett, deine Bauchschmerzen ausheilen!" sagt sie erbost. „Ich habe keine mehr", sagt Andrea.
„Das ging aber sehr schnell", meint die Mutter. „Das ist auch gut so, denn morgen muß ich ja wieder arbeiten. Und du kannst wieder in den Kindergarten gehen." „Oh nein, morgen bin ich bestimmt auch noch krank." Die Mutter stutzt: „Ach ja, und übermorgen vielleicht auch." „Ganz lange", sagt Andrea. „Und wenn du gar nicht mehr in den Kindergarten gehen müßtest, bist du dann immer noch krank?" Ein kleines Funkeln in Andreas Augen: „Nein, ich glaube nicht." „Aha", sagt da die Mutter, „Du möchtest im Moment nicht in den Kindergarten?" „Nein", sagt Andrea.
Hier hat es die Mutter geschafft, ohne die Warum-willst-du-nicht-in-den-Kindergarten-Frage zu stellen, behutsam herauszuarbeiten, daß Andreas Bauchschmerzen mit der Vorstellung zu tun haben, in den Kindergarten gehen zu müssen. Doch wie soll sie jetzt herausbekommen, was im Kindergarten vorgefallen ist? Das zeigt die Fortsetzung der Geschichte.
„Was müßte denn im Kindergarten anders sein, damit du gerne wieder hin möchtest?" fragt die Mutter einige Stunden später, nachdem sie sich einen schönen Tag gemacht hatten. „Die Lisa müßte wiederkommen." Lisa ist Andreas allerallerbeste Freundin. „Wieso ist Lisa nicht mehr da?" „Das weiß ich auch nicht. Auf jeden Fall wird sie nicht mehr kommen."
„Na", sagt die Mutter beruhigend, „wenn sie nicht mehr in den Kindergarten kommt, können wir sie doch schließlich besuchen."

Die Geschichte zeigt zwei Dinge. Erstens: Stellen Sie nach Möglichkeit nie die Warum-Frage „Warum willst du nicht in den Kindergarten?". Sie werden selten eine Antwort darauf bekommen. Fragen Sie lieber: „Was würde passieren, wenn du wieder in den Kindergarten gehst?" oder „Was müßte anders sein, damit du wieder gehen kannst?"

4 Die Zeit im Kindergarten – Hier lernen Kinder Selbstbewußtsein

Susanne und Thomas haben sich gut im Kindergarten eingelebt. Sie kennen nun auch schon die alten Hasen – die Großen. Die Gruppenstrukturen verfestigen sich allmählich: Die Erzieherin lernt ihre Schützlinge kennen. Jedes Kind sucht und findet seine Position innerhalb der Gemeinschaft.

Die Gruppenleiterin ist der ruhende Pol in der manchmal sehr lauten Kindergruppe. Für die Kleinen ist Sie sowohl Mutter- als auch Vaterersatz. Manchmal wird sie schon aus Versehen „Mama“ genannt. Sie erkennt Probleme und versucht, eine gemeinsame Lösung zu finden. Ihr Ziel: Die Kinder sollen sich geborgen fühlen. Ihre Sorgen und Ängste, ihr Mut und ihr Können werden erkannt und anerkannt. Die Kindergruppe wird zum Lernort für Selbstbewußtsein.

Das klingt schön wie ein Märchen, und so hätten wir es auch gerne. Doch die Realität ist zumeist weniger freundlich.

Zwar ist der Kindergarten die Fortsetzung der Familie, nur geht es da meistens etwas rauher zu. Und das kann durchaus gut sein. Denn:

Kinder brauchen Kinder

... um sich zu messen und zu zeigen, was sie schon können.

... um miteinander zu spielen. Denn nur im gemeinsamen Spiel findet ein Kind seine Position innerhalb der Gruppe.

... um spielerisch mit- und voneinander zu lernen.

... um zu üben, Schwierigkeiten gemeinsam zu lösen.

... um Raum für selbständige Erfahrungen zu haben.

... damit sie ihr Selbstbewußtsein weiterentwickeln und zu gefestigten Persönlichkeiten heranwachsen.

Die Rolle in der Gruppe

Die Grundlage für den späteren Platz in der Gemeinschaft wird in der Familie gelegt. Ob Einzelkind, Kind in der Mitte der Familie, älte-

stes oder jüngstes Kind, der Platz in der Geschwisterreihe prägt.
Einzelkinder haben die besten Chancen, ihren Platz in der Gruppe frei zu wählen. Denn in der Familie ist niemand, der ihnen irgend etwas streitig macht. Sie können jede Rolle einnehmen, jedes Talent ausbauen.
Da haben es Kinder mitten in einer Geschwisterreihe schon schwieriger. Sie konkurrieren mit Älteren und Jüngeren. Sie müssen ihre Nischen finden, in denen sie auch glänzen.
Erstgeborene haben es meist leichter. Sie belegen frühzeitig ihren Platz, neigen jedoch, weil von den Eltern gerne jung zum Aufpasser gemacht, zur Herrschsucht. Sie übernehmen auch gerne die Vorstellungen der Erwachsenen und passen sich diesen an.
Rebellen sind eher Spätgeborene – die letzten in der Geschwisterreihe. Mit der Zuneigung und Aufmerksamkeit der gesamten Familie bedacht, haben sie Raum für ihre Entwicklung und die Sicherheit der Zuneigung, auch wenn mal was daneben geht. Fehler sind erlaubt. Deshalb trauen sich die Jüngsten in der Familie oft auch mehr zu.
Ihre Prägungen nehmen die Kinder mit in den Kindergarten. Hier wollen sie dieselben Rollen wie in der Familie, weil sie ihnen vertraut sind. Doch das kann nicht ohne Konflikte gehen. Denn wo andere sind, ist auch Rivalität und Konkurrenz.

Tip

Es ist fatal: Sie wollen von Ihrem Kind wissen, was es im Kindergarten erlebt. Sie fragen: „Na, Tom, wie war es denn heute?“ Die Antwort lautet: „Gut.“ Mehr ist nicht herauszubekommen. Kinder fühlen sich schnell ausgefragt. Sie blocken Fragen ab. Dies ist eine typisch kindliche Reaktion. Wenn Sie Informationen darüber haben möchten, wie sich Ihr Kind entwickelt, wie es den Kindergartenalltag meistert, dann machen Sie einen Gesprächstermin mit der Erzieherin aus.

Streiten und sich vertragen

Rivalität unter Menschen gibt es seit Millionen Jahren. Und sie hat auch eine gute Seite: Sie treibt voran. Der Wettstreit zwingt zur Entwicklung der eigenen schöpferischen Kraft. Ohne Wettstreit kein Fortschreiten.
Rivalität unter Menschen heißt, daß sie miteinander streiten. Machtkämpfe in der Familie, später im Kindergarten, dann in der Schule und im Leben sind Überlebensstrategien und damit auch notwendig. Sie prägen die Persönlichkeit. So gibt es keinen Grund, das Streiten zu verdammen, zu verbieten. Das Streiten sollte aber Kultur haben. Bestimmte Regeln dürfen nicht verletzt werden. Bildlich gesprochen darf nicht nachgetreten werden, wenn schon jemand am Boden liegt. Und zum Streit gehört auch zwingend die Versöhnung.

Manchmal glaube ich, keiner hat mich lieb

In einer Gruppe kommt es immer wieder vor, daß Kinder von Aktivitäten ausgesperrt werden. Auch wenn Kinder längst integriert sind, kann es sein, daß sie sich ausgeschlossen fühlen oder ausgeschlossen werden. Die folgende Geschichte und die Spiele können Kinder unterstützen, sich in diese Situationen einzufühlen und Gefühlsalternativen zu entwickeln. Dann können sie selbstbewußt handeln, wenn sie selber in derartige Situationen kommen, oder auch Kinder unterstützen, die in verzwickte Lagen geraten.

Fortgeschickt und ausgelacht

Die folgende Geschichte können Sie Ihrem Kind vorlesen. An den Stellen, die eine Pause erlauben, kann das Kind überlegen, wie die Geschichte weitergehen könnte. Im Anschluß geben Sie dem Kind die Möglichkeit, über seine Gefühle zu reden.

Thomas kommt am Morgen allein in die Kindergruppe und geht mittags auch allein nach Hause. Als er heute hereinkommt, sind schon viele Kinder da. „Guten Morgen, Thomas!“ Kathrin, die Erzieherin, freut sich, daß er kommt und begrüßt ihn herzlich. Doch da Thomas noch verschlafen ist, grummelt er nur ein kurzes „Morgen …“
Er schaut sich im Raum um und überlegt, was er machen soll.
In der Tobe-Ecke hüpfen Sarah und Valentin auf den Matratzen. Sie haben sich verkleidet und als Katzen geschminkt. „Toben wäre jetzt genau richtig“, denkt sich Thomas. „Darf ich bei Euch mitspielen?“ fragt er die beiden. „Nein, wir möchten alleine toben!“ antwortet Sarah. „Ach, bitte“, versucht es Thomas noch einmal. „Nein, wir brauchen keinen mehr!“ sagt Valentin energisch. Thomas geht traurig davon.
Pause
Am Tisch spielt Ralf, der Praktikant, mit Oliver, Carmen und Sebastian ein Kinderlotto. Carmen hat bereits einige Bilder sammeln können. „Heute gewinne ich bestimmt“, sagt sie zu den anderen. „Darf ich bei euch mitspielen?“ fragt Thomas. „Nein, geht nicht. Wir sind mitten im Spiel“, sagt Carmen und zeigt ihm ihre Bilder. „Beim nächsten Spiel kannst du mitmachen“, tröstet ihn Ralf.
Pause

Thomas geht in die Bauecke. Dort sitzen Moritz und einige andere Kinder. Sie bauen eine Burg aus Bausteinen. „Darf ich mitbauen?“ fragt Thomas. „Nein, verschwinde! Laß uns in Ruhe!“ schreit Moritz. Er ist jemand, der den Ton angibt. Die anderen Kinder wagen es nicht, zu widersprechen.

Pause

Thomas setzt sich neben den Bauteppich und schaut ihnen eine Weile lang zu. Plötzlich tritt Thomas absichtlich gegen eine Burg. „Immer der Thomas!“ ruft Moritz, stürzt sich auf ihn und schubst ihn mit einem kräftigen Stoß um.

Pause

Au, das hat weh getan. Thomas beginnt zu weinen. „Heulsuse, Heulsuse, ha, ha, ha“, lacht Moritz. Die anderen Kinder sind gespannt, was nun geschieht.

Pause

Kathrin, die den Streit mitbekommen hat, kommt und tröstet zunächst einmal Thomas. Moritz beklagt sich: „Wieso wird Thomas getröstet? Er hat doch absichtlich unsere Burg zerstört!“ „Vielleicht hat er es absichtlich gemacht“, entgegnet Kathrin. „Aber du? Auch du hast etwas falsch gemacht, oder, Moritz?“

Pause

Moritz denkt nach und erinnert sich. Doch da sagt es schon Carmen: „Treten und Hauen sind nicht erlaubt. Streiten kann man auch anders. Und ausgelacht wird auch niemand.“ Kathrin erkundigt sich nun bei Thomas: „Was ist denn los mit dir?“ „Keiner läßt mich mitspielen“, jammert Thomas. „Und warum laßt ihr ihn nicht mitspielen?“ fragt Kathrin die anderen. „Er kommt morgens immer so spät, dann sind wir schon mitten im Spiel“, antworten sie.

Pause

„Wenn du also früher kommen würdest, hättest du eine gute Möglichkeit, mit den anderen zu spielen,“ schlägt Kathrin vor.

„Das geht aber nicht“, antwortet Thomas. „Meine Mama muß arbeiten gehen, weil ich mit ihr alleine wohne. Sie muß morgens Zeitungen austragen, wenn ich noch schlafe. Erst wenn sie wieder heim kommt, weckt sie mich.“ Die anderen Kinder haben sehr aufmerksam zugehört. Sie sehen sich gegenseitig an. „Morgen darfst du mit uns spielen“, beschließen sie.

Spiele helfen, Konflikte zu bewältigen

Konflikte im Kindergartenalltag sind notwendig, wenn sich die Kinder weiterentwickeln sollen. Die Konfliktlösung ist allerdings eine Kunst. Anführer oder Jasager, Kinder mit ausgeprägtem Durchsetzungsvermögen und solche, die sich gar nichts zutrauen, sind in allen Altersgruppen zu finden. In allen Konfliktsituationen ist die Erzieherin immer zuerst gefragt: Sie muß die Kinder genau beobachten und ihre Beobachtungen den Eltern mitteilen. So braucht das Einzelkind eventuell Unterstützung, weil es sich immer ausgeschlossen fühlt. Der kleine Diktator dagegen sollte lernen, daß nicht alles nach seinem Kopf geht, und der Kämpfer kann seine Kraft ruhig ein wenig sanftmütiger ausprobieren.

Als Elternteil kennen Sie Ihr Kind, sehen seine möglichen Schwierigkeiten und können gezielt auch zu Hause Probleme mit den nachfolgenden Spielvorschlägen angehen. In allen Spielen geht es darum, daß Kinder verschiedene Rollen ausprobieren können, ohne dabei gleich in ernste Konflikte zu kommen.

Wir tun uns was Gutes

Alter: ab 3 Jahren
Teilnehmer: 2 Kinder
Material: Küchenwecker

Die Kinder sollen bewußt in verschiedene Rollen schlüpfen. In der Rolle des Massierten wird dem Kind etwas Gutes getan. Es darf genießen. In der Rolle des Massierenden tut es etwas Gutes.

Die Kinder massieren sich gegenseitig ihren Rücken. Das machen sie am besten mit beiden Händen gleichzeitig. Sie fahren entlang der Wirbelsäule hoch und gleiten in Höhe der Schultern wieder nach unten. Dabei darf der Massierte auch laut sagen, was er besonders gerne möchte. Dann werden die Rollen getauscht. Wichtig ist, daß die Zeit festgelegt wird. Zum Beispiel: Fünf Minuten massiere ich, dann werde ich fünf Minuten massiert. Damit es keinen Streit gibt, wird jeweils der Küchenwecker gestellt.

Meine Freunde und ich

Alter: ab 3 Jahren
Teilnehmer: 1 Kind und mehr
Material: Papier, Stifte oder Wasserfarben

Das Kind erhält die Möglichkeit, bildhaft seinen Platz in der Kindergartengruppe zu zeigen.

Das Kind zeichnet sich und seine Freunde. Anschließend können Sie mit ihm darüber reden, was gezeichnet wurde: Wer bin ich? Wo stehe ich? Wer sind meine Freunde (Namen nennen)?

Das mag ich an dir

Alter: ab 5 Jahren
Teilnehmer: mindestens 2 Kinder

Die Jungen und Mädchen sollen positive Eigenschaften ihrer Gruppenkameraden sehen und benennen. Die genannten Vorzüge wirken sich positiv auf das Selbstwertgefühl und damit das Selbstbewußtsein der Kinder aus.

Zwei Kinder stehen sich gegenüber. Sie sagen einander, was ihnen am anderen gefällt. Verschiedene Variationen sind möglich:
1. Jeder sagt das, was ihm einfällt.
2. Das Genannte wird von demjenigen, der an der Reihe ist, wiederholt, bevor er etwas Neues hinzufügt.
Wird das Spiel mit mehreren Kindern durchgeführt, bilden sich entweder Paare, oder die Spieler stellen sich im Kreis auf. Jeder sagt dann seinem rechten Nachbarn, was er an ihm mag. Auch hier sind beide Variationen möglich.

Ich stelle mir vor ...

Alter: ab 3 Jahren
Teilnehmer: mindestens 2 Kinder

Die Kinder lernen, sich in Situationen hineinzuversetzen. Durch die gedankliche Beschäftigung mit möglichen Begebenheiten können sie Verhaltensmuster entwickeln, die sie in wirklichen Situationen anwenden können.

Die Kinder spielen Situationen aus ihrem Alltag. Sie stellen Personen dar, die sie sich aussuchen, oder sie führen Situationen aus der Zukunft auf.
Beispiele:
Ich stelle mir vor, daß ich Handwerker bin.
Ich stelle mir vor, daß wir eine Familie sind.
Ich stelle mir vor, daß ich in der Schule bin.
Ich stelle mir vor, daß ich Erzieherin bin.

Der Mut-mach-Zauber

Alter: ab 3 Jahren
Teilnehmer: 1 Erwachsener, 1 Kind oder mehr
Material: Decken, Kissen

Der Kindergartenalltag ist für viele Kinder nicht frei von Furcht und Konflikten. Die folgende Traumreise soll Kindern helfen, Mut und Zuversicht zu schöpfen.

Bereiten Sie die Traumreise wie auf Seite 30 beschrieben vor. Die Kinder legen sich bequem auf ihre Decke. Bei Bedarf nehmen sie auch ein Kissen. Beginnen Sie nun vorzulesen:

Ich erzähle dir nun eine Geschichte. Schließe deine Augen und höre gut zu.
Du wanderst über eine große Wiese. Bunte Blumen und hohes, saftiges Gras verbreiten einen angenehmen Duft.
Du erklimmst einen Hügel.
Atemlos kommst du oben an.
Nach einer kurzen Verschnaufpause setzt du deinen Weg fort.
Du kommst durch einen zauberhaften Wald. Hohe Tannen säumen den Weg.
In der Ferne erkennst du eine Lichtung. Am anderen Ende der Lichtung steht ein wunderbares Schloß. So ein großes Haus hast du noch nie gesehen.

Am Eingangstor steht ein gepflegt gekleideter Diener. Du wirst bereits erwartet.
Er führt dich über lange Gänge in einen großen Saal. Dort wartet die Königin auf dich. Sie bittet dich, neben ihr auf dem großen Thron Platz zu nehmen.
„Mein Freund, du hast den weiten Weg angetreten, um dir meine Hilfe zu sichern. Hier habe ich für dich einen hölzernen Stab. Es ist ein Mut-mach-Zauberstab. Er kann Furcht in Mut verzaubern.“
Oh, denkst du, dieses Gefühl von Furcht kenne ich nur zu gut. Da kann ich den Mut-mach-Zauberstab gut gebrauchen.
Gemeinsam trinkt ihr einen Kakao. Anschließend verabschiedest du dich von der Königin und trittst den Heimweg an.
An einem kleinen See machst du eine Pause. Die Oberfläche glitzert in der Sonne. Du legst dich am Ufer ins Gras und läßt deine Füße im kühlen Wasser baumeln.
Du hältst deinen Mut-mach-Zauberstab fest in den Händen. Du beginnst zu träumen, wo er dir hilfreich sein kann. Und sogleich fallen dir ein paar Situationen ein.
Hier zwei bis drei Minuten Zeit zum Träumen lassen.
Jetzt gehst du den Rest des Weges zurück.
Ich zähle nun bis zehn, dann bist du wieder zurückgekehrt.
Öffne deine Augen und streck dich einmal kräftig.

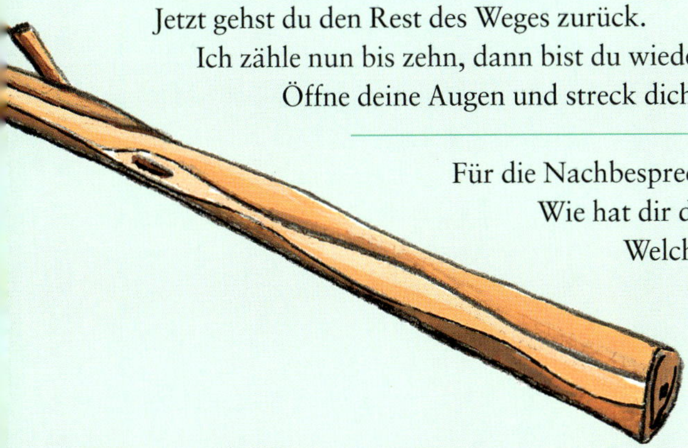

Für die Nachbesprechung:
Wie hat dir die Phantasiereise gefallen?
Welche Situationen sind dir eingefallen?
Wie könnte man das Problem lösen?

5 In der Schule – Selbstbewußtsein im Wandel

Kindergartenzeit ist Schonzeit. Wenn ein Kind Unterstützung braucht, dann ist die Erzieherin da. Das ist in der Schule oft anders. Hier sind Kinder und Erwachsene keine Einheit mehr. Der Lehrer verlangt von der Klasse vor allem: Leistung. Somit sind auch andere Fähigkeiten gefordert als im Kindergarten. Das Kind probiert sich auf neuen Gebieten aus, und das junge Selbstbewußtsein muß nun zeigen, wie gefestigt es schon ist und wie es mit den neuen Anforderungen umgehen kann. Gerade im Übergang vom Kindergarten zur Schule brauchen die Kinder die Aufmerksamkeit der Eltern. Manchmal müssen diese geradezu riechen, wie und ob ihr Kind zurechtkommt. Denn Kinder können ziemlich wortkarg sein. Auf die Frage: „Na, wie war es denn in der Schule", bekommt man, wenn man Pech hat, die knappe Antwort: „Schön".

So können Sie Ihr Kind vorbereiten

Lassen Sie Ihr Kind nicht unvorbereitet seinen ersten Schultag antreten. Zwar ist im Kindergarten der Schuleintritt das Thema Nummer 1, doch können Sie auch zu Hause Anteil nehmen und Weichen stellen.
Gehen Sie mit Ihrem Kind – wie vor dem ersten Kindergartentag – den Schulweg ab. Betrachten Sie von außen das Gebäude. Wenn die Möglichkeit besteht, schauen Sie gemeinsam rein. Vielleicht ist der Hausmeister oder ein Lehrer da, mit dem Sie kurz reden können.
Stellen Sie das, was in der Schule gelernt wird, in spannenden Bildern dar: Toll, in einem Jahr kannst du schon lesen, ein paar Worte schreiben, der Oma eine Karte zum Geburtstag schicken.
Die nachfolgenden Geschichten und Spiele sind Anregungen für Sie, den Schuleintritt leicht und spannend zu machen. So kann dieser zum aufregenden Abenteuer werden.

Auf Entdeckungsreise

Teilnehmer: mindestens zwei, aber je mehr um so besser. Sie können auch zum Entdeckungsreisespiel gezielt Freundinnen und Freunde Ihres Kindes einladen.

Material: Ihrer Phantasie sind keine Grenzen gesetzt, jedoch sollten Sie so viele Stühle oder Hocker oder Sitzkissen anbieten, wie Kinder da sind.

Die Kinder entdecken gemeinsam mit Ihnen das Abenteuer Schule.

Kinder und Erwachsene bilden einen Kreis und lassen sich auf einer Sitzgelegenheit nieder. Dieses Möbelstück muß zum nächsten so viel Abstand haben, daß man daran vorbei kommt. Sie leiten das Spiel ein: „Wir spielen jetzt das Abenteuer Schule. Dazu stehen wir gleich alle auf, umkreisen unseren Hocker (Stuhl, unser Kissen) und schauen ihn uns an. Was will uns der Hocker sagen? Er erzählt uns jetzt, was mich beim Abenteuer Schule erwartet.“ Dann setzen sich die Kinder wieder hin, und jedes erzählt, was ihm der Hocker gesagt hat. Falls die Kinder Probleme haben, ihrer Phantasie freien Lauf zu lassen, können Sie zu Beginn Hilfestellung geben: „Ich sehe ein rosarotes Klassenzimmer. Dieses Klassenzimmer sagt zu mir ...“ Oder: „Ich sehe eine grüne Lehrerin. Die steht am ersten Tag vor der Schule und sagt zu mir ...“ Geben Sie den Gegenständen und Menschen, die ein Teil der Schule sind, bewußt unsinnig scheinende Eigenschaften. Das nimmt ihnen die mögliche Bedrohlichkeit. Nach Ihren ersten Beispielen werden die Vorschläge der Kinder kommen. Spielen Sie das Spiel so lange, bis niemandem mehr etwas einfällt oder das Interesse erlahmt. Wichtig ist, daß nach jedem Durchgang jedes Kind erzählen kann, was es „gesehen“ hat. Ihre Aufgabe ist es, bei Unklarheiten nachzufragen.

Im fliegenden Klassenzimmer

Alter: ab 6 Jahren
Teilnehmer: 1 Erwachsener, 1 Kind und mehr
Material: Kissen, Decke

Eine Traumreise hilft Ihrem Kind, sich in die Schulsituation hineinzuversetzen. Die Kinder können Ängste erkennen, formulieren und abbauen.

Wenn Sie die Traumreise vorbereitet haben, beginnen Sie, ruhig vorzulesen.

Stell dir vor, du läufst zur Schule ... der Weg dorthin ist dir bekannt ... was siehst du heute dort? ... Triffst du jemanden auf deinem Weg? ... Gehst du alleine oder mit einem Freund/einer Freundin?
Du kommst in der Schule an ... Auf dem Schulhof begegnen dir alte Bekannte aus dem Kindergarten ... Es ist noch Zeit für ein gemeinsames Spiel ... Die Schulglocke ertönt, zusammen geht ihr in euer Klassenzimmer ... Ganz entspannt setzt du dich auf deinen Stuhl ... Du schaust dich im Klassenzimmer um ... Welche anderen Kinder sind da? ... Wer sind deine Tischnachbarn? ... Schau nach links ... und schau nach rechts ... Stelle dich den anderen Kindern vor ... Hast du eine Lehrerin oder einen Lehrer? ... Stelle dich auch dem Lehrer vor ...
Du sitzt ganz entspannt an deinem Tisch: Lasse deine Arme baumeln ... strecke deine Füße aus ... spüre deinen Atem ...

Das Klassenzimmer verwandelt sich ganz langsam in einen Hubschrauber ... und du bist der Pilot ... Langsam hebt der Hubschrauber vom Erdboden ab ... Du siehst in andere Klassenzimmer – entdeckst du jemanden, den du kennst? ... Du fliegst weiter und erkennst das Schulgebäude ... Du siehst deinen Stadtteil ... dein Wohnhaus ... Du erkennst den Kindergarten, den du besucht hast ... Du fliegst näher heran und kannst hineinschauen ... Du siehst Kinder dort spielen ... deine frühere Erzieherin ...
Du fliegst weiter und siehst die Stadt, in der du wohnst ... Du siehst andere Schulen ... zu einer Schule fliegst du näher heran ... Du kannst in ein Klassenzimmer schauen: Kinder sitzen dort und lesen ...
Nun kehrst du langsam zu deiner Schule zurück ... sanft landet der Hubschrauber ... Du steigst heraus ... und wenn du wieder bei uns bist, balle deine Fäuste, recke und strecke dich, und öffne deine Augen.

Reden Sie im Anschluß an diese Traumreise mit Ihrem Kind. Hat dir die Reise gefallen? Was hast du erlebt? Wie ist es dir gegangen? Wie hat sich dein Bauch angefühlt? Wie hat das Klassenzimmer ausgesehen?

So geht es mir, wenn ich an die Schule denke

Alter: ab 6 Jahren
Teilnehmer: 1 Erwachsener, 1 Kind und mehr
Material: Papier und Stifte

Das Kind kann mit Hilfe einer Zeichnung Gefühle ausdrücken.

Das Kind darf malen, wie es sich die Schule und den Schulalltag vorstellt. Schauen Sie sich dann gemeinsam das entstandene Bild an. Untersuchen Sie es auf angenehme und unangenehme Seiten. Was ist schön? Was ist bedrohlich? Wo liegen Entwicklungsmöglichkeiten? Was stört das Kind?
Reden Sie anschließend mit Ihrem Kind über seine Eindrücke und Gefühle.

Ein neuer Lebensabschnitt beginnt

Die Zeit bis zum Schuleintritt ist im Idealfall unbelastet von Leistungsdruck und großen Ängsten. Die Kinder entdecken und testen erste Fähigkeiten, wagen Experimente.
Die Schule ist kein so behüteter Raum mehr. Hier gelten schon viele Regeln der Erwachsenenwelt. Zur Freude „Jetzt-bin-ich-endlich-kein-Kindergartenkind-mehr" kommt oft die Angst vor dem Neuen, vor der Veränderung. Wenn die Vorfreude groß ist, ist die Angst ganz klein – und umgekehrt.
Ein Kind braucht Vertrauen in seine Umwelt und ein Gefühl der Sicherheit in seinen Beziehungen. Vertrauen und Sicherheit gewinnt es, wenn seine Welt eine gewisse Ordnung und Voraussagbarkeit hat. So ein sicherer Ort sollten Kindergarten und Schule sein – mit Erziehern und Lehrern, die freundlich und verständnisvoll sind. Eine solche Umgebung sollte im Idealfall dem Kind die Möglichkeiten bieten, spielerisch den Raum, die Materialien, die Erzieher und Lehrer und auch Zuneigung und Aufmerksamkeit zu teilen. Hier sollte es wegen seines persönlichen Wertes anerkannt werden.

Bekannte und Fremde

Wenn viele Kinder aus einem Kindergarten gemeinsam in die gleiche Klasse kommen, fühlen sie sich oft geborgener.
Schwierig wird die Situation jedoch, wenn die alten, unbequemen Rollen und die alten Feindschaften aus dem Kindergarten mitgenommen werden.
Ein Kind, das schon im Kindergarten seine Fähigkeiten nicht entwickeln konnte, wendet seine Kraft oft ins Negative. Es verhält sich zerstörerisch gegen Sachen, andere und sich selbst. Das kann passieren, wenn es aus einer Der-ist-sowieso-blöd-Rolle oder Der-heult-doch-immer-Rolle nicht mehr herauskommt, oder, schlimmer noch, wenn die anderen Eltern ihren Kindern verbieten, mit ihm zu spielen. Dann ist es besser, das Kind kommt in eine Klasse mit vielen unbekannten Gesichtern. Hier besteht eher die Chance, daß die Karten neu gemischt werden. Manchmal sind Veränderungen an einer solch verfahrenen Situation auch nur noch mit Hilfe von professionellen Helfern wie Kinder- und Jugendlichentherapeuten möglich.
Anders sieht es aus, wenn sich ein Kind in seiner alten Umgebung sehr wohl gefühlt hat. Wenn es nun durch Umzug oder weil es vorher in einem nicht wohnortnahen Kindergarten war zwangsweise in eine neue Umgebung kommt, kann das ein Schock sein. Hier braucht es die Unterstützung der Eltern, um sich in das neue Leben einzugewöhnen.

Fähigkeiten werden verglichen

Ähnlich wie im Kindergarten werden in der Schule unterschiedliche Fähigkeiten und Kräfte der Jungen und Mädchen verglichen. Sie erkennen und lernen, daß es Bereiche gibt, wo sie besser sind als andere. Ebenso müssen sie verlieren und zurückstecken können. Sie erfahren, daß nicht jeder Mensch alles gleich gut kann.

Negative Erlebnisse lösen negative Gefühle aus – ein verlorenes Fußballspiel schmerzt sehr, wenn der Bau eines Drachens nicht gelingen will, ist das Kind enttäuscht. Doch mit dem Wissen, daß es auch seine Stärken hat, in anderen Situationen besser ist, lassen sich diese schlechten Gefühle besser aushalten.

Wenn Ihrem Kind die positiven Erfahrungen fehlen, versuchen Sie gemeinsam, die individuellen Stärken zu finden. Unterstützen Sie Ihr Kind und geben Sie ihm so oft wie möglich positive Rückmeldungen.

Konkurrenz in der Klasse

„Konkurrenz belebt das Geschäft" ist ein Prinzip, nach dem viele Erwachsene ihre Welt gestalten. Auch in der Schule gilt vom ersten Tag an das Konkurrenzprinzip. Da nützt es wenig, wenn in den Zeugnissen keine Noten stehen. Der Anspruch, Kindern zu Beginn dieser Zeit den Konkurrenzdruck zu nehmen, ist oft nicht mehr als ein schöner Wunsch. Unbewußt führen viele Eltern schon zu Hause das Konkurrenzdenken ein. Sie üben mit dem Kind, und schnell ist die Gedankenverbindung geschaffen: „Du mußt in der Schule gut sein, sonst bist du nichts wert." Es gibt keinen ersichtlichen Grund, mit den Kindern für die Schule zu lernen. Wenn Wissenslücken auftreten, ist es nicht die Aufgabe der Eltern und der Erwachsenen, diese zu schließen. Das ist die Aufgabe der Schule. Je mehr aber Eltern diese Aufgabe zu ihrer eigenen machen, um so mehr entmündigen sie die Schule und tragen den Leistungsdruck in den Raum zu Hause. Dieses Zuhause soll aber der Erholung des Kindes dienen – als konkurrenzloser Raum.

Stellt aber das Kind von sich aus Fragen oder bittet um Unterstützung, ist die Hilfe der Eltern angemessen. Reaktionen wie „Dafür bist du noch zu klein. Das mußt du noch nicht wissen. Wieso hast du in der Schule nicht aufgepaßt?" sind unangebracht und verunsichern nur.

Ermuntern Sie Ihr Kind, geben Sie ihm Hilfe zur Selbsthilfe. Wenn es z. B. eine Mathematikaufgabe nicht lösen kann, können Sie es unterstützen, z. B. indem Sie Ihren eigenen Gedankengang zur Lösung laut denken oder die Aufgabe in viele kleine überschaubare Teilschritte zerlegen. Durch diese beiden Verfahren wird die Aufgabe nachvollziehbar, überschaubar und das Kind bekommt für die nächsten Aufgaben ein Lösungsverfahren an die Hand.

Schulfreundschaften

Kinderfreundschaften sind immer die allerbesten Freundschaften. Sie werden bis zur Neige ausgekostet. Keine Minute darf man ohne den anderen sein. Und andere dürfen sich dem Eigentum Freund bloß nicht nähern. Das Teilen will erst langsam gelernt werden. Kinderfreundschaften können ein Leben lang halten. Und Freundschaftsfähigkeit ist ein hohes Gut, das das Leben bereichert. Freundschaft, Treue, miteinander durch dick und dünn gehen, dem anderen helfen, mit ihm teilen, das sind Fähigkeiten, die im Verlauf der Entwicklung geübt werden müssen. Und man muß sich auch einmal zurückstellen können, ohne gleich dem Freund oder der Freundin die Freundschaft zu kündigen. Die folgende Geschichte beschreibt so eine Freundschaft mit ihren Höhen und Tiefen. Sie zeigt auch, daß man manchmal über seinen Schatten springen muß, um einen Streit zu lösen.

Mit dir rede ich nicht mehr

Thomas und Alexander sind Nachbarskinder. Schon seit fünf Jahren wohnen sie in derselben Straße. Sie gingen gemeinsam in den Kindergarten. Nun sind sie zusammen in der zweiten Klasse. Sie verstehen sich prächtig und machen vieles gemeinsam: Miteinander ziehen sie seit Jahren durch ihr Stadtviertel. Beide spielen gerne Fußball. Alexander spielt in einem Verein, Thomas nicht. Aber das tut ihrer Freundschaft keinen Abbruch. Sie sind unzertrennlich. Sie halten so fest zusammen, daß kein anderer bei ihren Spielen mitmachen darf.
Eines Tages aber kommen Christian und Philipp aus der Nachbarschaft mit einem nigelnagelneuen Fußball vorbeigeschlendert, als Thomas und Alexander ein neues Baumhaus auf dem Spielplatz erbauen. Thomas ruft: „Au ja, da spiele ich gleich mit.“ Alexander aber ist überhaupt nicht begeistert. „Ich

will lieber unser Baumhaus fertig bauen. Laß doch die mit ihrem Fußball spielen und bleib hier." Doch Thomas läßt sich nicht beeindrucken. Er geht zu den beiden Jungen hinüber. Alexander ärgert sich und schreit ihm nach: „Mit dir rede ich kein Wort mehr, du Verräter. Du bist nicht mehr länger mein Freund!" Beleidigt zieht er ab. Am nächsten Morgen sieht Alexander Thomas nicht an. Er kann den Vorfall vom Vortag nicht vergessen. „Dieser Blödmann. Läßt mich einfach alleine. Soll er doch mit den anderen spielen. Mir kann er von nun an gestohlen bleiben. Ich werde schon einen neuen Freund finden."

Thomas versucht nun, mit Alexander zu reden. Doch dieser lehnt alle Versuche ab.

Die nächsten Tage ist Alexander oft auf dem Spielplatz. Aber er findet niemanden, mit dem er spielen kann. Er wird immer trauriger und denkt oft an die Zeit mit Thomas. Was haben sie nicht alles gemacht: gemeinsam getobt, Fußball und Verstecken gespielt, Baumhäuser gebaut, im Winter gemeinsam gerodelt und Schneeballschlachten veranstaltet ... Seine Stimmung ist ganz mies. Er fühlt sich richtig schlecht. „Vielleicht soll ich doch mal mit Thomas reden", denkt er sich. „Aber wenn Thomas mich jetzt überhaupt nicht mehr mag?" Alexander hat einen ganz dicken Kloß im Hals. Trotzdem beschließt er, zu Thomas zu gehen und sich zu entschuldigen.

Als er schon auf der Straße ist, sieht er Thomas, der mit Christian und Philipp in Richtung Spielplatz unterwegs ist. Sie haben wieder den Fußball dabei und kommen direkt auf Alexander zu. Der weiß nun gar nicht so recht, was er machen soll. Als Thomas vor ihm steht, sagt er ganz schnell: „Ich entschuldige mich." Aber das hat Thomas gar nicht so richtig gehört, weil er zur gleichen Zeit fragt: „Hast du nicht Lust, mit uns Fußball zu spielen? Wir brauchen unbedingt noch einen Mitspieler." Und der, das ist klar, will Alexander natürlich wahnsinnig gerne sein. Thomas und er spielen in einer Mannschaft und vertragen sich wieder.

Stärken und Schwächen

Gemeinsamkeiten stärken, sich in den anderen hineinversetzen oder Konkurrenz als Wettspiel erleben, sind grundsätzliche Erfahrungen, die Fähigkeiten zur Freundschaft fördern. Nur gemeinsam lassen sich auch Stärken und Schwächen ausgleichen. Was der eine nicht kann, schafft vielleicht der andere. Die folgenden Spiele sollen dazu beitragen, das Gruppenerlebnis zu vertiefen und auf andere zu achten. Deshalb eignen sich diese Spiele besonders gut für eine Kinderparty.

Unser Spiegelbild

Alter: ab 6 Jahren
Teilnehmer: mindestens 2 Kinder

Kinder lernen, auf ihr Gegenüber zu achten.

Zwei Mitspieler stehen sich gegenüber. Es beginnt der Jüngere. Er bewegt sich auf der Stelle. Sein Gegenüber ist sein Spiegelbild und muß diese Bewegungen mitmachen. Beispiel: Linker Arm nach oben, Spiegelbild rechter Arm nach oben (wie im Spiegel ...); rechtes Bein ausgestreckt, linkes Bein im Spiegel; Grimasse schneiden; langsame und schnelle Bewegungen usw. Fehler werden nicht bestraft. Nach einigen Minuten werden die Rollen gewechselt. Im Anschluß können die Erfahrungen ausgetauscht werden: Wie erging es dir? War manches zu schnell?

Gemeinsam sind wir stark

Alter: ab 5 Jahren
Teilnehmer: mindestens 2 Kinder
Material: Gegenstände zum Heben

Die Kinder lernen, daß sie Hilfe von anderen bekommen, wenn sie darum bitten. Gemeinsam lassen sich Probleme lösen.

Die Jungen und Mädchen sollen Gegenstände oder Personen im Raum bewegen, z.B. einen Tisch, eine Kommode, vielleicht einen Erwachsenen hochheben ... Sie suchen sich Partner, die ihnen behilflich sind.

Mein rechter Platz ist leer

Alter: ab 5 Jahren
Teilnehmer: mindestens 5 Kinder
Material: Stühle

Die Kinder zeigen Sympathien für gewisse Kinder. Der Spielleiter kann Tendenzen erkennen.

Die Kinder sitzen im Kreis. Es gibt einen Stuhl mehr als Spielteilnehmer. Das Kind, dessen rechter Platz leer ist, darf ein anderes Kind aus der Gruppe aufrufen: „Mein rechter Stuhl ist leer, ich wünsche mir die Lisa her!“ Das aufgerufene Kind besetzt den Stuhl. Nun ist das Kind an der Reihe, dessen rechter Stuhl jetzt frei ist.

Die Große und der Kleine

Alter: ab 6 Jahren
Teilnehmer: 2 Kinder

Konkurrenz ist im positiven Sinne ein Wettstreit, der anspornt, aber nicht fertigmacht. Ganz bewußt soll hier dargestellt werden, was ein Kind nicht kann. Damit man darüber lachen kann – und nicht weinen muß.

Zuerst wird überlegt, wie alt die Große sein soll und was sie dann schon alles können muß. Aus den Vorschlägen wird einer genommen. Zum Beispiel: Die Große muß schon schreiben können. Dann spielt die Große das Spiel: Ich kann nicht schreiben. Und begründet, warum nicht. Zum Beispiel: „Meine Hand ist so schwer, ich kann sie nicht bewegen." Der Kleine klatscht dazu und soll sich freuen: „Toll, daß du das nicht kannst. Es ist toll, wie schwer deine Hand ist." Es soll gezeigt werden, daß etwas nicht können zugleich auch bedeutet, dafür etwas anderes zu können: „Was kannst du denn mit der Hand machen, wenn du nicht schreiben kannst?" „Oh, ich kann meine Hand als Hammer benutzen". Dann werden die Rollen getauscht und weitergespielt. Und wenn die Kinder dann noch Lust haben, wird ein anderes Thema genommen.

6 Wenn ein Kind meistens alleine spielt – Außenseiter oder Einzelgänger

Kinder, die alleine spielen, müssen noch lange keine Außenseiter sein. Wenn sie jedoch darunter leiden, leidet auch ihr Selbstbewußtsein. Dann brauchen sie Unterstützung.

Sehnsüchtig hat sich Anna ein eigenes Zimmer gewünscht. Nun hat sie es. Ihre Zimmertür ist meistens zu. Anna ist häufig alleine in ihrem Reich. Sie läßt selten die Eltern, noch seltener die eigenen Geschwister hinein.

„Sie war schon immer so", sagt die Mutter und läßt das Kind so sein. Wenn die Familie spazierengeht, bleibt Anna alleine zu Hause. Wenn die Familie Mensch-ärgere-dich-nicht spielt, schaut sie sich Bücher an. Im Kindergarten nennt sie Gruppenspiele „blöd", und am ersten Schultag setzt sich Anna alleine in eine Bank.

Es gibt Kinder, die viel für sich alleine machen: Sie spielen alleine, lesen alleine, schauen bei Gruppenspielen zu, aber spielen nicht mit, gehen den Schulweg alleine, vor oder hinter dem Kindertrupp. Man nennt sie „Einzelgänger", „Eigenbrötler", „Außenseiter". Es ist aber nicht in jedem Falle so, daß ihr Selbstbewußtsein darunter leidet. Die Frage ist nur: Begeben sie sich freiwillig in diese Außenseiterrolle oder werden sie dazu gezwungen, weil niemand gerne mit ihnen spielt oder gerne zusammen ist?

Ein Kind ist außen vor

Der Ausdruck „Außenseiter" beschreibt zunächst nur eine Position. Ein Außenseiter ist einer, der außen vor, abseits steht, zum Beispiel von einer Gruppe oder von einer Familie. Das Wort sagt noch nichts darüber, ob das gut oder schlecht oder für den Betroffenen angenehm oder unangenehm ist.

Eine Wertung dieses Begriffs findet erst im zweiten Schritt statt.

1. Wir beschreiben, was wir sehen

Zunächst beobachten wir ein bestimmtes Verhalten: Ein Kind spielt offensichtlich häufiger als andere Kinder allein. Mit dem Ausspruch „Es verhält sich als Außenseiter" fügen wir eine eigene Bewertung der Situation hinzu. Diese Unterscheidung zwischen beobachtetem Verhalten und eigener Interpretation ist sehr wichtig.

2. Wie sieht das Kind seine Rolle als Außenseiter?

Nun können wir das Kind fragen, ob es diese Rolle freiwillig gewählt hat oder dort hineingezwungen wurde, ob es mit dieser Rolle zufrieden oder unzufrieden ist.

3. Wie bewerten wir Erwachsenen die Rolle des Kindes als Außenseiter?

Dann gibt es noch uns Erwachsene, zum Beispiel Mutter oder Vater, die das nicht in Ordnung finden, wenn ihr Kind viel alleine ist. Offensichtlich bewerten sie die Situation anders als das Kind.

Ein Kind, das gerne die Außenseiterrolle einnimmt, ist möglicherweise so selbstbewußt, daß wir uns keine Sorgen machen müssen. Dieses Kind spielt lieber alleine, weil es etwas entdeckt hat oder weil es sich so besser konzentrieren kann. Jedes Nachfragen wäre nur störend. Es kann aber auch sein, daß es diese Rolle wählt, weil es sich von anderen Kindern abgelehnt fühlt. Wenn das der Fall ist, dann sollten wir helfend eingreifen. Und es kann auch sein, daß das Kind von einer Gruppe tatsächlich abgelehnt wird, dann müssen wir nach den Ursachen forschen. Vielleicht ist das Kind auch nicht stark genug, nicht selbstbewußt genug, sich einen Platz in der Gruppe zu erkämpfen. Auch hier ist unsere Hilfe gefordert.

Deshalb steht zu Beginn die genaue Beobachtung des Kindes. Steht es denn überhaupt abseits? In welchen Situationen ist das so, oder zu welchen Zeiten? Gibt es auch Momente, in denen das Kind Kontakt sucht? Wie geht es dann vor? Wie beurteilt das Kind selbst die Situation? Leidet es unter seiner Rolle oder ist es damit zufrieden?

Ist mein Kind ein Außenseiter?

Mit einem Notizblock können Sie Ihre Wahrnehmung für Tatsachen schärfen: Beobachten Sie einen Monat lang den Alltag Ihres Kindes. Beantworten Sie an jedem Abend die Frage: Hat mein Kind heute mit anderen gespielt? Fassen Sie die Ergebnisse wochenweise zusammen, und stellen Sie sie nebeneinander. Beim Vergleich der Ergebnisse sollten Sie prüfen: Gibt es deutliche Unterschiede pro Woche? Gab es zum Beispiel zwei Wochen lang keine Treffen, dafür in einer Woche mehrere? Wie kamen Treffen zustande? Dabei sollten Sie auch berücksichtigen, was die Wochen voneinander unterschieden hat. Wenn Ihr Kind krank war oder eine Familienfeier ins Haus stand, fällt eine solche Woche natürlich aus dem üblichen Rahmen. Ob Ihr Kind ein Außenseiter ist oder nicht, dafür gibt es keinen allgemeingültigen Richtwert. Aber die Zahl der wöchentlichen Kontakte öffnet Ihnen die Augen für die tatsächliche Situation.

Die Ansprüche der Eltern und deren Folgen

Unser Kind soll schön, klug und beliebt sein. Nicht nur wir, nein, auch alle anderen Menschen, und ganz besonders die anderen Kinder, sollen unser Kind für das tollste von allen halten.

Wir lieben unser Kind. Mal mehr, mal weniger. Und weil wir uns vorstellen, daß alle anderen Menschen unser Kind doch auch lieben müssen, hat es schon eine ganz schöne Hypothek mit sich herumzutragen.

Was ist, wenn andere Kinder Ihres nicht sonderlich mögen? Nicht mit ihm spielen wollen? Es aus der Gruppe ausschließen?

Dann blutet Ihr Herz. Und wenn Ihr Herz blutet, dann spürt auch Ihr Kind, daß etwas nicht in Ordnung ist. Selbst wenn es vorher die Geschehnisse einfach hingenommen hatte, wird Ihr Kind nun verunsichert reagieren.

Wer sagt Ihnen, daß Ihr Kind, wenn es einmal nicht eingeladen wird, genauso leidet wie Sie? Es gibt immer verschiedene Sichtweisen einer Situation.

Dies soll die untenstehende Geschichte verdeutlichen.

Die Geschichte von drei Menschen und einem Kuchen

Es ist Abend. Die Familienmitglieder kommen nacheinander heim. Auf dem Küchentisch steht ein Kuchen, den die Oma gebacken hat. Der sechsjährige Sohn kommt hungrig nach Hause. Sieht den Kuchen und denkt: So ein Mist. Ich habe einen Bärenhunger und möchte ein Schnitzel mit Pommes, aber nicht so süßen Labberkram. Aber ich bin ja nur der Kleine. Und Oma weiß immer alles besser. Der Sohn ist enttäuscht.

Der Vater kommt vom Einkaufen heim. Sieht den Kuchen und denkt: Ach, wie gerne würde ich jetzt von dem köstlichen Kuchen essen. Aber ich bin zu dick. Muß mir noch mindestens vier Wochen lang alle Dickmacher verkneifen. Die Oma weiß ganz genau, daß ich auf Diät bin. Das ist einfach rücksichtslos, daß sie mir den Kuchen vor die Nase stellt. Vater ärgert sich.

Die Mutter dagegen ist mit dem Wagen liegengeblieben und hat drei Stunden lang auf den Abschleppwagen gewartet. Völlig verärgert über den mißratenen Nachmittag kommt sie heim, sieht den Kuchen und denkt: Das ist genau das, was ich jetzt brauche. Die gute Oma. Ihre Stimmung steigt, das Wasser läuft ihr im Mund zusammen, sie freut sich.

Eine Situation, aber drei unterschiedliche Gefühle

Die Situation ist immer dieselbe: ein Küchentisch, ein Kuchen. Unterschiedlich sind die Reaktionen der Menschen. Der Kuchen löst verschiedene Gedanken aus, die wiederum zu unterschiedlichen Gefühlen führen: Das Kind ist enttäuscht, der Vater ärgerlich, die Mutter erfreut. Es ist die unterschiedliche Bewertung derselben Situation, die bei den handelnden Personen zu den unterschiedlichen Gefühlen führt.
Das heißt: Überprüfen Sie Ihre Gedanken, bevor Sie sich von Ihren Gefühlen zu Handlungen hinreißen lassen.

Auch Außenseiter brauchen die Gruppe

Kinder, die am Rand stehen und darunter leiden, brauchen unsere Hilfe. Wir sollten dabei jedoch nicht versuchen, die Freunde unseres Kindes zu ersetzen. Denn gerade zur Entwicklung des eigenen Selbstbewußtseins ist der Umgang mit Gleichaltrigen besonders wichtig. Deshalb muß unsere Hilfe dazu beitragen, daß sich unser kleiner Außenseiter in eine Gruppe integrieren kann. Oft werden Jungen und Mädchen ausgeschlossen, weil sie bestimmte Verhaltensweisen oder Eigenschaften zeigen, die im Spiel mit anderen stören. Aber auch Vorurteile gegenüber bestimmten Merkmalen oder die Unkenntnis z.B. über eine chronische Erkrankung wie der Neurodermitis können ein Kind ins Abseits drängen. In diesen Fällen tut Aufklärung not, und hier sind vor allem Erzieher und Lehrer gefragt. Umgekehrt muß den schüchternen und zurückhaltenden Kindern geholfen werden, sich in die Gruppe einzugliedern und sich dort auch zu behaupten. Einige der möglichen Vorgehensweisen haben wir Ihnen bereits vorgestellt. Wichtige Gründe, wie ein Kind ins Abseits gerät, finden Sie nun auf den folgenden Seiten.

Wenn Eltern Probleme sehen, wo keine sind

Ihr Kind hat nur einen Freund. Ihr Kind ist nicht beliebt, weil es nur einen Freund hat?
Wie viele Freunde braucht ein Kind, um als beliebt zu gelten: einen, zehn? Wie viele Freunde brauchen Sie: einen, zehn? Der eine braucht nur einen Freund und bleibt mit ihm zusammen. Der andere braucht mehrere Freunde, um zufrieden durchs Leben zu gehen. Niemand braucht gleich viele Freunde. Wieviele Freunde braucht Ihr Kind, damit Sie sich beruhigt in den Sessel zurücklehnen können und sagen: Mein Kind hat x Freunde. Mein Kind ist beliebt? Lassen Sie doch einfach Ihr Kind entscheiden.

Niemand spielt mit meinem Kind … weil es ein Einzelkind ist

Einzelkinder stehen zu Hause meist im Mittelpunkt. Sie kennen nicht den minutenschnellen Wechsel der Gefühle, wie er unter Geschwistern üblich ist. Gerade noch waren sie die besten Freunde auf der ganzen Welt, gleich darauf wollen sie nie wieder miteinander reden. Dieses Nie dauert manchmal eine Minute, manchmal ein paar mehr. Selten länger als einen Tag. Das ist Kindernormalität.

Geschwister erleben täglich, wie sie mal Teil der Familiengruppe, mal ausgeschlossen sind. Der Wechsel zwischen Dabeisein und Ausgeschlossensein ist ein ganz natürlicher Prozeß. Deshalb fällt Geschwisterkindern die Integration in eine Gruppe leichter. Einzelkinder, die zu Hause immer im Mittelpunkt stehen, wollen auch in der Kindergruppe diese Position erreichen. Dabei stoßen sie auf Widerstand. Gelingt es ihnen dann nicht, sich selbst zurückzunehmen, werden sie oft ausgegliedert oder ziehen sich selbst zurück.

Wir können den Kindern helfen, das zu lernen, was für sie lebenswichtig ist: Am Rande stehen können, ohne zu leiden, akzeptieren, daß zeitweise andere im Mittelpunkt stehen.

Rollenspiel „Geschwister“

Bauen Sie in Ihren Alltag kleine Rollenspiele ein: beim Essen, beim Aufräumen. Auch beim Spielen mit Ihrem Kind lassen sie sich leicht durchführen. Ebenfalls lassen sich der andere Elternteil und Großeltern, die zu Besuch sind, integrieren.

Spielen Sie mit Ihrem Kind „Geschwister“.

Lassen Sie Ihr Kind bestimmen, wer der ältere und wer der jüngere Geschwisterteil ist.

Schöpfen Sie aus Ihrer Erfahrung und bringen Sie mögliche Reaktionen eines älteren oder jüngeren Kindes ein.

Lassen Sie aber immer Ihrem Kind die Zeit, auf Vorgaben zu reagieren.

Ihr Kind wird sicher einige Situationen öfter wiederholen. Versuchen Sie nicht, das Spiel dann zu unterbrechen. Die Wiederholung ist notwendig, um Verhaltensmuster auszuprobieren und zu festigen. Erst dann können sie auch im Alltag umgesetzt werden.

Die Zeitnahme

Zeigen Sie Ihrem Kind beizeiten, daß auch Sie Bedürfnisse haben und das Kind nicht der Alleinherrscher ist. Dafür brauchen Sie gute Nerven, eine gehörige Portion Sturheit und Durchhaltevermögen.
Was machen Sie denn gerne? Vielleicht lesen? Nehmen Sie sich Zeit dafür. Fangen Sie frühzeitig damit an. Lesen Sie täglich, regelmäßig. Am besten, wenn Ihr Kind noch ein Baby ist. Schon zu spät? Macht nichts. Dann legen Sie jetzt los. Gleich heute.
Setzen Sie sich hin und lesen Sie. Zuerst fünf Minuten, später länger. Es darf auch bis zu einer Stunde sein. Auf Störungen sollten sie mit einer eindeutigen Antwort reagieren: „Ich möchte jetzt ungestört lesen. Später bin ich wieder für dich da.”
Die beiden Sätze werden Sie eines Tages nicht mehr hören können, so oft werden Sie diese sagen müssen. Aber sie zahlen sich aus. Für Sie, da Sie einen Teil Ihrer Wünsche erfüllen können. Für Ihr Kind, das lernt, die Wünsche von anderen Menschen zu akzeptieren.

Ein Puppenspiel von Erwachsenen für Kinder

Zeigen Sie Ihrem Kind mit Hilfe eines Puppenspiels, welche Möglichkeiten es gibt, die Bedürfnisse anderer Menschen zu verstehen und zu tolerieren. Kinder können sich gut in Rollen hineinversetzen (hier: die Puppen). Sie lernen dann besser als durch Erklärungen.

Ein Beispiel:
Die Großmutter möchte sich ausruhen, der Kasper muß dies akzeptieren.

Es könnte so beginnen:
Kasperl ist wieder einmal zu Besuch bei Großmutter. Nach dem Essen kommt es zu folgender Begebenheit:
Kasperl: Großmutter, ich möchte mit dir „Mensch-ärgere-dich-nicht“ spielen.
Großmutter: Ich bin nach dem vielen Essen müde. Ich möchte mich ausruhen!
Kasperl: Ich möchte aber unbedingt. Also los!
Großmutter: Kasperl, ich habe bereits den ganzen Vormittag mit dir gespielt. Außerdem habe ich kochen müssen.
Kasperl: Das macht mir aber nix aus. Ich will sofort mit dir spielen!

Ein Lösungsvorschlag:
Großmutter: Und wenn du dich auf den Kopf stellst oder einen Handstand machst – ich brauche jetzt 15 Minuten meine Ruhe! Anschließend können wir „Mensch-ärgere-dich-nicht“ spielen.
Hier können Sie auch Erlebnisse nachspielen, die Sie mit Ihrem Kind gemacht haben.
Zum Beispiel: Die Mutter möchte die Zeitung lesen, Peter beschäftigt sich, liest in seinem Bilderbuch.

Niemand spielt mit meinem Kind … weil es anders ist

Nie wieder in unserem Leben sind wir so offen und unbefangen dem Fremden, dem Anderen, dem Kranken gegenüber wie zur Kinderzeit. Verhalten sich Kinder einem einzelnen Kind gegenüber ablehnend und liegt die Ursache nicht im Verhalten dieses Kindes, dann hat die Umwelt bereits ihre Wirkung gezeigt. Denn Kinder lernen schnell. Schon früh haben sie viele Vorurteile aus der Erwachsenenwelt übernommen. Dazu gehören leider oft Ansichten wie „das Häßliche ist böse“, „Schielen ist häßlich“, „Dick ist abstoßend“ oder „Stottern ist blöde“. Die Opfer solcher Vorurteile können sich kaum wehren. Sie werden zu Außenseitern gemacht und kennen meist die Gründe nicht. Auch die Eltern eines betroffenen Kindes haben nur selten die Möglichkeit, auf die anderen Kinder einzuwirken. Sie können aber Erzieher oder Lehrer darauf ansprechen. Da Vorurteile immer unbegründet sind, sind Lehrer und Erzieher in der Klasse oder der Kindergartengruppe aufgefordert, dem entgegenzuwirken. Oft reicht hier ein klärendes Gespräch schon aus. Die Kinder sollten aber auch lernen, sich in das ausgeschlossene Kind hineinzuversetzen. Denn wer einmal erlebt hat, wie man sich in einer solchen Situation fühlt, wird künftig seine Handlungsweisen genauer prüfen.

Tip

Im Kindergarten treten meist die ersten Ausgrenzungen auf. Wenn Eltern herausbekommen möchten, was die Ursache der Ablehnung ihres Kindes durch die Gruppe ist, müssen sie sich an die Erzieher wenden. Denn alleine können sie das Problem oft nicht lösen.

Mit dabei oder ausgegrenzt

Alter: ab 5 Jahren
Teilnehmer: 1 Erwachsener, 2 Kinder und mehr

Welche Gefühle ein ausgeschlossenes Kind durchlebt, wird mit dem folgenden Spiel deutlich. Die Kinder erfahren auch, welche Umstände ihrerseits zur Ausgrenzung führen. Das Rollenspiel können Sie alleine mit Ihrem Kind oder besser mit einer ganzen Gruppe spielen. Mit Hilfe des Rollenspiels können Sie auch herausfinden, welche Vorurteile ein Kind bereits übernommen hat.

In der Vorbereitungsphase überlegen alle gemeinsam, welche Voraussetzungen ein Kind mitbringen muß, damit es mit ihnen spielen darf. Notieren Sie diese auf einem Zettel.
Ebenso wird danach gefragt, wie Kinder sein müssen, die nicht die Zustimmung bekommen, mitzuspielen. Auch diese Antworten schreiben Sie auf einen Zettel.
Im folgenden Rollenspiel spielt jeweils eine Person die Rolle eines Kindes, das mitspielen darf. Anschließend übernimmt es die Rolle eines nicht gern gesehenen Kindes. Es steht entweder einem einzelnen Kind oder einer Gruppe gegenüber. Diese spielt den jeweiligen Gegenpart.
Es ist gut, wenn Zuschauer dabei sind, die die verschiedenen Verhaltensweisen beobachten.

Diese Szenen können Sie z. B. spielen:
Die beste und daher beliebteste Spielerin in der Handballmannschaft.
Das Ausländerkind auf dem Spielplatz.
Das behinderte Mädchen in der Spielgruppe.
Der Klassenclown.

Da es um das Einfühlen in Situationen und Menschen geht, ist die gemeinsame Aufarbeitung des Rollenspiels wichtig. Es bieten sich ein gemeinsames Gespräch oder das Malen eines Bildes (Gruppen- oder Einzelbild) an.
Folgende Fragen können sich die Kinder stellen:
Wie hätte ich es gemacht? Was fühle ich, wenn ich sehe und höre, was dem ausgegrenzten Kind geschieht?

Niemand spielt mit meinem Kind … weil es so aggressiv ist

Kinder haben einen kleinen Vorrat an Verhaltensweisen. Sie lernen ja auch erst. Bei manchen dominiert das aggressive Verhalten. Sie werfen die Spielsteine auf den Boden, wenn sie beim „Mensch-ärgere-dich-nicht" verlieren, prügeln sich beim geringsten Anlaß oder treten andere beim Spielen gegen das Schienbein. Alle diese Verhaltensweisen sind der Situation nicht angemessen. Und wenn ein Kind häufiger aggressiv gegen Sachen oder Menschen ist, wird es schnell von der Gruppe ausgegrenzt.

Grundsätzlich: Ein Kind hat das Recht, sauer oder traurig zu sein und diese Gefühle auch auszuleben. So besteht kein Grund, das Kind wegen heftiger Gefühlsausbrüche zu verdammen. Wenn es aber ausgeschlossen wird und andere unter seinem Verhalten leiden, muß etwas unternommen werden.

Nach den Ursachen forschen

Wenn Ihr Kind aggressiv ist, und Sie ihm helfen wollen, müssen Sie zunächst nach den Ursachen forschen, und die sind wahrhaft vielfältig: Ein Kind kann aggressiv sein, weil es ständig überfordert ist und Angst vor dem Versagen hat, weil es sich zurückgesetzt fühlt, unter Schuldgefühlen leidet, eifersüchtig ist, sich wehren will, einen Mangel an Liebe verspürt oder einfach dieses Verhalten von anderen erlernt hat. Natürlich können Sie Ihr Kind fragen, warum es sich so verhält. Manchmal haben Kinder auch eine treffende Antwort parat. Dann sind sie oft wütend, weil ihnen etwas angetan wurde. Das sollten Sie tolerieren, und vielleicht können Sie auch helfen, den Konflikt zu lösen. Meist finden Kinder jedoch keine Antwort auf die Frage nach ihrer Aggressivität. Sie reagieren trotzig, verschüchtert oder wütend. Es hat überhaupt keinen Sinn, in solchen Situationen selbst ärgerlich oder gereizt zu handeln. Eine Mördergrube müssen Sie dabei aber auch nicht aus Ihrem Herzen machen. Sie können Ihre Gefühle ruhig zeigen. Aber glauben Sie nicht, daß Sie durch Drängen, Drohungen und wiederholtes Nachfragen etwas aus Ihrem Kind herausbringen.

Warten Sie ab, bis sich die geladene Stimmung verzogen hat. Zeigen Sie Ihrem Kind, daß Sie es lieben. Geben Sie ihm Geborgenheit und achten Sie darauf, was und wie es spielt. Besonders im Spiel mit Puppen und Masken oder beim Malen drücken Kinder viele ihrer Gefühle aus. Und dazu zählen eben auch die Aggressionen.

Erzählen Sie Ihrem Kind Geschichten oder lesen Sie ihm Märchen vor. Welche Charaktere gefallen Ihrem Kind? Wen lehnt es ab und warum? Vielleicht identifiziert sich Ihr Kind auch mit der einen oder anderen Figur. Wenn Sie selbst nicht auf die Ursachen stoßen, sollten Sie einen Experten um Rat bitten. Denn der Grund für aggressives Verhalten liegt oft verborgen und weit in der Vergangenheit.

Angemessene Verhaltensweisen lernen

Aggressionen sind Ausdruck eines Mangelgefühls. Wenn ein Säugling nicht das bekommt, was er braucht, beginnt er zu quengeln und später, falls nichts geschieht, zu schreien. Sicher wird niemand das Schreien des Kindes als aggressiven Akt bezeichnen. Schließlich schadet es niemandem. Doch was es zum Schreien veranlaßt, ist jener Ur- und Überlebenstrieb, aus dem Aggression entstehen kann.

Möglich, daß das Kind Hunger verspürt oder in die Windel gemacht hat. Dann müssen wir als Eltern Abhilfe schaffen. Es kann aber auch sein, daß es sich ängstigt, langweilt oder einfach auf den Arm genommen werden will. Diese grundlegenden Bedürfnisse unseres Kindes bleiben ihm sein Leben lang erhalten. Neue kommen hinzu. Es lernt, sich selbst zu helfen.

Für uns kommt noch eine neue Aufgabe hinzu. Wir müssen unserem Kind dabei helfen, Enttäuschungen zu verarbeiten, Konflikte zu lösen und angemessene Verhaltensweisen anzunehmen.

Nun können Sie sich fragen, was denn als „angemessen“ durchgehen kann, denn sicher gibt es hier ganz unterschiedliche Toleranzschwellen. Aber es gibt eine ganz einfache Meßlatte: Würden Sie wollen, daß das Kind dieses Verhalten auch außerhalb der eigenen vier Wände zeigt?

Verlieren will gelernt sein

Verlieren will gelernt sein. Das typische Kleinkindverhalten: Der Turm aus Bauklötzen stürzt immer wieder um. Klein-Thomas wirft seine Bauklötze wütend in die Ecke: „Blöde Klötze!“ Für ein Kleinkind ist dieses Verhalten in Ordnung. Bei einem älteren Kind schon nicht mehr. Es müßte gelernt haben, daß nicht die Bauklötze blöde sind. Der kleine Thomas hat noch nicht gelernt, angemessen mit Niederlagen umzugehen. Wirft Thomas die Klötze im Kindergarten um, während er mit anderen spielt, beginnt er andere Kinder im Streit zu verletzen, wird er vermutlich bald die Rolle des Spielverderbers inne haben und von den anderen Kindern gemieden. Aggressionen können nicht von heute auf morgen abgebaut werden. Das Kind muß zunächst lernen, seine Gefühle wahrzunehmen und auszudrücken, um auch ein gesundes Selbstwertgefühl aufzubauen. Wie Sie dazu beitragen können, wie Sie Konflikte gemeinsam mit Kindern lösen können, haben Sie bereits in den Spielen dieses Buches erfahren. Die folgenden Spiele sollen deshalb helfen, mit Aggressionen umzugehen und neue Verhaltensweisen einzuüben.

Tip

Nehmen Sie Ihr Kind, wenn es im Spiel verloren hat und sich ärgert, beiseite. Bestätigen Sie es in seinem Gefühl, nicht verlieren zu wollen. Schreien Sie mit ihm gemeinsam hinaus: „Ich will nicht verlieren! Verlieren ist Scheiße!“ Werden sie gemeinsam immer lauter. Wenn noch andere Kinder im Haus sind, werden sie bald hinzukommen und mitbrüllen. So haben alle ein gemeinsames Erlebnis. Damit haben sie dem Kind erlaubt, seine wahren Gefühle zu zeigen und sein Unwohlsein abzubauen.

Wenn mich was ärgert, dann ...

Alter: ab 4 Jahren
Teilnehmer: 2 und mehr

Bei diesem Spiel sollen Alternativen zum aggressiven Verhalten gefunden werden.

Die Spieler sitzen in einem Kreis. Der erste beginnt mit dem Satz: „Wenn mich was ärgert, dann …“. Jetzt muß er einen weiteren Halbsatz anhängen wie „…fang ich an zu brüllen“ oder „…gehe ich nach Hause“. Anschließend ist der nächste Spieler an der Reihe. Dabei sind vor allem Phantasien oder witzige Antworten wie „… dann packe ich meine Wut in den Koffer“ oder „… sag ich's meinem Hund“ erlaubt. Wichtig ist nur, weitere Ideen zu entwickeln. Verloren hat, wem nichts mehr einfällt.

Toben spielen

Alter: ab 2 Jahren
Teilnehmer: 2 und mehr
Material: weiche Gegenstände (Kissen, Schaumstoffbälle, Schwämme...), Matratzen

Wenn Ihr Kind wütend ist, können Sie dieses Spiel vorschlagen. Einmal so richtig Dampf ablassen, schreien, toben und am Ende weder gewonnen noch verloren zu haben – das können Kinder und Erwachsene bei diesem Spiel erleben. Dabei sollten auch Sie sich auf das Spiel einlassen. Wenn Sie nur am Rande stehen und zusehen, werden die anderen gehemmt.

Die Matratzen werden auf den Boden gelegt und an die Wand gelehnt. Darauf können die Spieler herumtoben, rufen und herausschreien, was sie ärgert und die Mitspieler mit den weichen Gegenständen bewerfen. Vorher sollte abgesprochen werden, ob auch schubsen und raufen erlaubt ist. Dann muß ein Spieler aber auch in Ruhe gelassen werden, sobald er dies verlangt. Auf keinen Fall darf jedoch geschlagen, gekratzt oder gebissen werden.

Spielend gegen die Aggression

Im Spiel können Kinder ihren Gefühlen freien Lauf lassen. Wenn Sie Ihrem Kind helfen möchten, seine Aggressionen abzubauen, sollten sie gemeinsam spielen. Aggressive Spiele oder Kriegsspiele sind dafür natürlich ungeeignet. Aber ansonsten ist es weitgehend gleich, was sie miteinander spielen. Entscheidend ist, daß ...

... sie gemeinsam Spaß am Spiel haben.

... die Gemeinsamkeit höher bewertet wird, als die Kraft oder Geschicklichkeit eines einzelnen Spielers.

... bestimmte Regeln wie Fairneß, Friedlichkeit und Intensivität im Vordergrund stehen.

... niemand darum besorgt sein muß, ausgelacht oder verletzt zu werden.

... jeder, der nicht spielen will, auch nicht mitmachen muß.

Bei spannenden und fröhlichen Spielen werden die Kinder im Spiel aufgehen. Wut und Zank sind dann zweitrangig. Wichtig daran ist, daß die Kinder spielerisch lernen, daß es viele verschiedene Arten gibt, mit Konflikten oder Enttäuschung umzugehen.

Laßt mich doch mitmachen

Diese meditative Übung soll den teilnehmenden Kindern ermöglichen, sich in die Gefühlswelt eines ausgeschlossenen Kindes hineinzudenken. Ebenso können die Jungen und Mädchen Gefühle und Motive des vermeintlich Ablehnenden nachempfinden.
Der Abgelehnte hat die Möglichkeit, seine Gefühle den anderen mitzuteilen. Dabeï findet er vielleicht auch Wege, wie er mit Ausgrenzungen umgehen kann. Die Kinder können gemeinsam nach Lösungsmöglichkeiten suchen.
Bereiten Sie die meditative Übung wie eine Traumreise vor. Wenn es sich alle Kinder bequem gemacht haben, beginnen Sie, den folgenden Text mit ruhiger Stimme vorzulesen.

Es ist ein schöner heißer Sommertag ... Das Freibad bietet eine willkommene Abkühlung ... Leider triffst du niemanden, mit dem du spielen kannst. Daher beschließt du, ein Eis essen zu gehen. Du freust dich riesig darauf ... Den Weg zur Eisdiele kannst du nicht schnell genug zurücklegen. Doch was ist das? ... Gerade, als du ankommst, schließt der Besitzer ab. Er ist nicht bereit, für dich noch einmal zu öffnen. Er kennt kein Pardon. Nichts ist es mit deinem Eis ...
Am nächsten Tag gehst du auf den Spielplatz. Eine Gruppe Kinder aus deiner Klasse spielt dort Fußball. Du kommst hinzu und möchtest gerne mitspielen. Deine Bitte wird jedoch barsch abgelehnt: „Du darfst nicht mit uns spielen" ... „Du bist so blöd" ... „Hau ab!" ... „Laß uns in Ruhe!" ...
60 Sekunden Pause, um die Reaktionen bei allen wirken zu lassen!
Du setzt dich auf eine Bank und überlegst, was du nun tun wirst ...
Thomas aber widerspricht den anderen. Er setzt sich dafür ein, daß du mitspielen darfst. Schließlich stimmen die anderen zu. ... Gemeinsam wird es ein schöner Nachmittag.

Im Anschluß an die Übung reden wir über unsere Erlebnisse: Wie reagiert der Ausgeschlossene? Wie hätte er reagieren können? Was wird er fühlen? Welche Lösung schlagt ihr vor? Was geht in den Kindern vor, die ausschließen? Welche Gefühle lösen die Reaktionen bei dir aus?

Niemand spielt mit meinem Kind ... weil es nicht schön ist

Das Böse ist häßlich und das Häßliche ist böse. Das lehren uns viele Märchen. Aschenbrödels Schwestern sind böse. Und sie sind häßlich. Die Hexe in „Hänsel und Gretel" ist abgrundtief häßlich und gefährlich böse. Hüte dich vor dem Häßlichen, lautet die Botschaft.
Das Gute ist schön und das Schöne ist gut, ist die schlichte Umkehrung der Böse-Häßlich-Formel. So ist der Froschkönig als Frosch noch unappetitlich häßlich, aber die Überwindung des Ekels (die Prinzessin küßt den Frosch) macht ihn zum schönen Prinzen. So wird er auch liebenswert. Jetzt kann geheiratet werden.

Schönheit macht das Leben leichter

Dem schönen Kind fliegen auf den ersten Blick die Sympathien zu. „Was für ein schönes Kind", sagen die Erwachsenen und müssen ihre Hände an sich halten, weil sie das Schöne streicheln und liebkosen wollen. Das häßliche Kind muß oft mehr bieten als den bloßen Schein, um gemocht zu werden.
Die Eigenschaftswörter schön und häßlich sind Gegensatzpaare, die mit sehr starken Gefühlen gekoppelt sind. Stellen Sie sich vor, jemand sagt zu Ihnen: „Sind Sie aber schön." Sie werden sich kaum dagegen wehren können, wenn Sie ein warmes Gefühl durchflutet. Sie fühlen sich gemocht. Wenn Ihnen aber jemand sagt „Gott, sind Sie häßlich!", werden Sie für einen Moment erstarren. Sie fühlen sich abgelehnt. So ist es. Wir lernen vom ersten Tag unseres Lebens, was wir als schön anzusehen haben, und wir lernen, was als häßlich zu bezeichnen ist.

Gegen den Strom

Als Eltern müssen wir aber gegen den Strom schwimmen, wenn wir unseren Kindern etwas mit auf den Weg geben wollen. Wir müssen hinterfragen: Was ist eigentlich schön, was ist häßlich? Was bestimmt den Wert eines Menschen?
Wenn ihr Kind klagt, daß es wegen seines Äußeren von anderen gehänselt wird, müssen Sie es unterstützen. Ist Ihr Kind vielleicht zu dick, können Sie zum Beispiel sagen: „Schatz, du magst dick sein, aber du bist für mich und deinen Papa das Allerliebste auf der Welt." Das heißt, behalten Sie den Blick für die Realität. Aber werten Sie nicht. Und entkoppeln Sie Liebe und Schönheit. Menschen sind liebenswert, egal, ob sie schön oder häßlich, dick oder dünn sind.

Ein etwas anderes Märchen

Wir freuen uns am Märchen vom Froschkönig. Diesmal ist es etwas anders. Es wird keinen schönen Prinzen geben, sondern einen häßlichen. Denn auch das Häßliche kann liebenswert sein. Ein Märchen für alle, die am Rande stehen, und jene, die ein Kind wegen seines Aussehens ausgrenzen.

Es war einmal eine Königstochter. Die war so schön, daß sogar der Sonne die Luft wegblieb, wenn sie das Mädchen anstrahlte. Eines Tages spielte das Königskind am Brunnen, und seine goldene Kugel fiel hinein.

Weg war sie. Ruckzuck auf den tiefen Grund des Brunnens gesunken. Was aber ist eine Prinzessin ohne ihre goldene Kugel? Ein Mädchen wie jedes andere am Ende?

Da kullerten dicke Tränen die rosaroten Wangen herunter. Richtige Tränenbäche strömten über das zarte Gesichtchen und tränkten das Prinzessinnenkleid, machten dicke Flecken in die zarte Goldfarbe. Zu den Tränen kamen laute Schluchzer. Immer lauter schluchzte die Prinzessin, so laut, daß es der königliche Brunnenfrosch nicht mehr aushielt: „Ach, schönes Mädchen. Deine Augen sind ganz rot vom Weinen, deine Wangen ganz rauh von den salzigen Tränen, und deine Stimme krächzt schon wie ein Reibeisen. Trockne die Tränen. Ich helfe dir."

Da trocknete die Hübsche ihre Tränen, schaute auf, erschrak und brach sogleich in neues Weinen aus. „Ach, was bist du für ein häßlicher Frosch. Du bist so häßlich, daß ich dich gar nicht anschauen kann. Schnell, geh wieder in deinen Brunnen. Du beleidigst meinen Blick. Und faß bloß nicht meine goldene Kugel an."

Aber nicht, daß ihr glaubt, der Frosch wäre jetzt vor Schreck zurück in den Brunnen geplumpst. Gar nicht. Geärgert hat er sich. „Du bist aber eine Garstige", sagte er. „Bilde dir bloß nichts auf deine Schönheit ein", schimpfte er. „Die hast du dir nicht verdient, sondern geschenkt bekommen. Sie kann jederzeit auch wieder verschwinden. Ich bin sehr nett zu dir. Das ist mehr als Schönheit. Merk dir das."

Das Königskind erschrak, und der Tränenstrom versiegte. Kleinlaut fragte es: „Wirst du mir meine goldene Kugel finden?" Der häßliche Frosch war

nicht nachtragend und versicherte: „Na klar." Tauchte, kam wieder hoch und hielt in seinem Maul die goldene Kugel. Sie blitzte wie ein funkelnagelneues Goldgebiß.
„Meine Kugel, meine Kugel", rief die Prinzessin begeistert. Der Frosch spuckte die Kugel aus, gab sie aber nicht heraus und sagte: „Du bekommst deine Kugel nur, wenn du mir einen Kuß gibst." Dabei zog er die Froschlippen ganz breit. Erst wollte sich das Kind vor Ekel schütteln. Wie es den Frosch so sah, den bittenden Blick, die rollenden Augen, ach, da fand sie ihn richtig nett, spitzte ihr Mündchen und schmatzte dem Frosch aufs breite Maul.
Da tat es einen Blitz und Donner. Einen Moment mußte das Mädchen die Augen schließen. Als es sie wieder öffnete, stand ein junger Mann vor ihr, ein Königssohn mit goldener Krone. Doch das Gesicht glich dem des frechen Frosches. „Danke, schönes Mädchen. Du hast mich mit deinem Kuß vom bösen Zauber der Hexe erlöst. Ich bin ein Königssohn. Wenn du mich heiratest, können wir in mein Schloß ziehen. Alles, was mir gehört, wird auch dein sein", sagte er. Als er den zweifelnden Blick der schönen Königstochter über sein Froschgesicht streichen sah, sagte er: „Denk daran, ein schönes Gesicht ist ein vergängliches Geschenk. Aber einen herzensguten Mann wie mich, den findest du nicht so schnell wieder."
Selbstbewußter als der Königssohn kann man nun wirklich nicht reagieren. Und nimmt ihn nun die Königstochter, obgleich er häßlich ist? Schon möglich, schließlich ist er selbstbewußt und hat ein freundliches Wesen.

Niemand spielt mit meinem Kind ... weil es neu in der Gegend ist

Kinder brauchen ihre vertraute Umgebung, in der sie sich geborgen fühlen. Jede einschneidende Veränderung in ihrem Leben löst Unsicherheit aus. Ein Umzug bringt im Kinderleben allerhand durcheinander. Der Abschied von der vertrauten Umgebung und den Freunden ist schon Schmerz genug. Dazu müssen sie sich noch auf das Neue einlassen. Und dieses Neue ist bei Kindern, die ja nur über wenig Erfahrungen verfügen, oft auch etwas Bedrohliches und Unbekanntes. Im Gegensatz zur landläufigen Meinung brauchen Kinder deshalb oft viel länger als Erwachsene, um sich nach einem Umzug wieder einzugewöhnen.
Besonders schwierig wird die Situation, wenn in der neuen Wohngegend und in der neuen Kindergruppe bereits feste Rollen und Beziehungen aufgebaut sind. In einem solch „eingespielten Team" einen Platz zu finden, fällt nicht nur Kindern schwer.
Diese Veränderungen lösen auch unterschiedliche Reaktionen aus. Die Kinder können krank werden oder zeigen in der Schule geringe Leistungen. Es hagelt schlechte Noten. Dann sind Herz und Kopf voll von Trauer, die keinen Platz für neue Erfahrungen läßt. Oder die Kinder ziehen sich in die eigenen vier Wände zurück, gehen kaum auf die Straße, knüpfen keine Kontakte.
Kinder, die umziehen müssen, brauchen deshalb Hilfe.

Sorgen teilen und unterstützen

Kinder müssen auf den Umzug vorbereitet werden. Da sie selbst kaum eine Möglichkeit haben mitzuentscheiden, sollten sie zumindest erfahren, warum der Umzug notwendig ist.
Fahren Sie mit Ihrem Kind deshalb schon vor dem Umzug in die neue Gegend. Erforschen Sie die Spielplätze, Museen und andere Freizeitmöglichkeiten. Wer umziehen muß, sollte lernen, das Positive in der Veränderung zu sehen – aber er braucht auch Zeit zum Trauern.
Versüßen Sie die Veränderung mit dem Blick auf Dinge, die in Kinder-

augen besser sein könnten als vorher: „Nach dem Umzug kannst du jede Woche reiten gehen. Denn der Reitstall ist gleich neben unserer neuen Wohnung." Oder: „Wir haben dann eine viel größere Wohnung, und du wirst ein eigenes Zimmer haben."
Erlauben Sie Ihrem Kind zu trauern. Denn der Verlust der Freunde und der Verlust der Heimat mit aller Vertrautheit macht Angst vor dem Neuen: „Jetzt habe ich keine Freunde mehr." Nehmen Sie Teil an der Angst und Trauer: „Ja, auch mir tut es weh, meine Freunde zurückzulassen." Ebenso wichtig ist auch, daß die Trennung von den Freunden für Ihr Kind nicht endgültig sein muß. Sorgen Sie deshalb dafür, daß Ihr Kind im Falle eines Umzugs weiterhin den Kontakt zu seinen alten Freunden halten kann. Seien Sie großzügig, wenn Ihr Kind bei seinen Freunden anrufen will. Spendieren Sie das Porto für Briefe, und organisieren Sie auch mal eine Fahrt zu den alten Freunden Ihres Kindes. Ihre Unterstützung braucht das Kind nicht nur Wochen, sondern manchmal auch Monate, bis es sich langsam an seine neue Umgebung gewöhnt hat. Laden Sie dazu Ihre neuen Nachbarn ein, mit und ohne Kinder, und laden Sie Kinder ein – zum Kennenlernfest. Beim gemeinsamen Spielen mit Kakao, Waffeln oder selbstgemachten Hamburgern zum Beispiel kann das Kennenlernspiel gespielt werden.

Das Kennenlernspiel

Alter: ab 3 Jahren
Teilnehmer: möglichst viele
Material: Puppen

Das neu hinzugezogene Kind kann mit Hilfe seiner Puppe seine Gefühle ausdrücken, und die eingeladenen Kinder können mit Hilfe ihrer Puppen über sich und ihre Gefühle sprechen. Gerade kleinen Kindern fällt es leichter, sich über die Puppe mitzuteilen als in der Ich-Form von sich zu sprechen.

Jedes Kind bringt seine Lieblingspuppe mit. Alle Kinder setzen sich in einen Kreis. Der Erwachsene fängt an und erzählt seiner Puppe, wie er seine Situation sieht. Zum Beispiel : „Ich bin die Mutter Ingeborg und bin mit meinem Mann und meinen beiden Kindern hierher gezogen. Ich mußte meine beste Freundin zurücklassen und habe jetzt keine Freundin, der ich alles erzählen kann. Wie finde ich eine neue Freundin?" Alle sind jetzt aufgefordert, je einen Rat zu geben. Dann geht die Runde weiter, bis jedes Kind einmal an der Reihe gewesen ist. Die Kinder, die eingeladen wurden, können auch etwas von sich erzählen und um einen Rat bitten.

7 Kinder lernen, „nein“ zu sagen

Wenn die Oma zu Besuch kommt, hat sie immer ein kleines Geschenk für Sebastian dabei. Neben einem artigen „Dankeschön“ erwartet sie auch einen Kuß. Doch heute riecht Oma wieder so fürchterlich nach kaltem Zigarettenqualm. Aber Sebastian hat nicht den Mut, Omas Wunsch abzulehnen. Er hat nicht gelernt, „nein“ zu sagen, wenn er etwas nicht möchte. Mit Widerwillen gibt er ihr einen Kuß.

Wir Erwachsene sagen „nein“, wenn wir etwas nicht haben möchten. Wenn unsere Kinder selbstbewußt handeln sollen, müssen wir auch ihnen zugestehen, sich wehren zu dürfen: Nicht nur im Spiel mit anderen Kindern, sondern auch gegenüber Erwachsenen. Ein klares und deutliches nein aus einem Kindermund muß auch beachtet werden.

Verschiedene Anlässe können der Grund sein, warum Kinder sich nicht trauen, „Nein!“ zu sagen: Sebastian hat vielleicht Furcht davor, daß seine Oma ihn nicht mehr gern hat. Oder aber er hört oft die Worte seiner Eltern: „Das kannst du der Oma doch nicht antun!“ Ihm fehlt das Selbstvertrauen zu sagen, was er fühlt. Er gibt den Erwartungen seiner Eltern und der Oma nach, anstatt selbstbewußt und für sich selbst zu handeln. Dies muß Sebastian noch lernen.

Immer brav sein kann gefährlich werden

Brave Kinder sind bequem. Wenn Sebastian immer nur „Ja, mach' ich“ sagt und tut, was von ihm verlangt wird, stößt er auf keinen Widerstand. Die Reaktionen sind vielmehr: „Ist das aber ein liebes Kind!“ Was aber passiert, wenn Sebastian auf der Straße von einem wildfremden Menschen angesprochen wird? Wird er auch dessen Anweisungen anstandslos ausführen? Sie hoffen natürlich, daß er das nicht macht. Doch Sebastian hat niemals gelernt, sich zu widersetzen. Bringen Sie Ihrem Kind deshalb frühzeitig bei, „Nein!“ zu sagen. Denn ein klares, deutliches und selbstbewußtes Nein schützt vor Aufdringlichkeit und Gefahren durch andere.

Angst ist wichtig

Verlangen Sie von Ihrem Kind auch nicht, daß es keine Angst zeigt. Sie ist wichtig für alle Menschen. Wer

keine Angst verspüren kann, ist nicht normal. Angst schützt, indem sie vor Bedrohungen warnt. Nur wer Angst spürt, entwickelt auch die Fähigkeit, vorsichtig und umsichtig zu handeln. Bevor Angst jedoch in Panik ausartet, muß sie überwunden werden. Dazu gehört Mut – und Selbstbewußtsein. Mut ist aber nicht einfach das Gegenteil von Angst. Um mutig zu sein, ist die Angst eine wesentliche Voraussetzung. Ich muß meinem Partner, z. B. meinen Eltern, vertrauen können, um Angst abzubauen. Angst zu überwinden kann trainiert und gelernt werden. Durch ständige Wiederholungen von Übungen können Kinder Situationen, die ihnen Angst machen, besser bewältigen.
Mit Hilfe der nachfolgenden Geschichte und der Spiele können Sie Ihrem Kind Hilfestellungen zur Lösung von Angstproblemen geben.

Was erwarte ich von meinem Kind

Wenn ein Kind immer wieder spürt, daß kein Vertrauen in seine Taten gesetzt wird, wird es sich immer weniger trauen, etwas auszuprobieren. Damit ein Kind laut und deutlich „nein“ sagen kann, braucht es die Sicherheit, daß seine Taten angenommen und akzeptiert werden, auch wenn die Eltern nicht ganz damit einverstanden sind. Überprüfen Sie deshalb anhand der folgenden Fragen, ob Sie genügend Vertrauen in Ihr Kind setzen.
Darf mein Kind in den meisten Fällen sagen, was es möchte?
Darf mein Kind Neues ausprobieren, ohne daß ich sofort eingreife?
Akzeptiere ich die Antworten meines Kindes, oder korrigiere ich es ständig?
Muß mein Kind meistens das tun, was ich ihm sage?
Ermutige ich mein Kind häufiger, auch einmal „nein“ zu sagen?
Vergleiche ich mein Kind lauthals mit anderen Kindern: „Nimm dir mal ein Beispiel an ...“?
Wenn Sie Ihr Kind in den meisten Fällen korrigieren, zurückhalten und zum Gehorsam anhalten, hat es kaum eine Chance, soviel Selbstbewußtsein zu entwickeln, um im entscheidenden Moment auch einmal „nein“ sagen zu können. Akzeptieren Sie deshalb zumindest einmal täglich ein „Nein“. Lassen Sie sich auf Auseinandersetzungen ein, in denen die Argumente Ihres Kindes zählen. Verbieten Sie Ihrem Kind auch nicht, Ihr Verhalten zu kritisieren. Verteidigen können Sie sich natürlich. Und zeigen auch Sie im Alltag Courage. Denn Ihr Kind orientiert sich in seinem Verhalten an Ihrer Person.
Das ist schwierig und oft zeitraubend. Doch die Erfahrungen, die Ihr Kind dadurch sammelt, daß Sie es als Persönlichkeit annehmen und akzeptieren, sind später kaum mehr aufzuholen.

Hasenfuß und Löwenherz

Es waren einmal zwei seltsame Gestalten: Hasenfuß und Löwenherz. Sie lebten in einem großen, dunklen Wald. Der eine hieß Hasenfuß, weil er vor jeder fremden Gestalt sofort die Flucht ergriff. Löwenherz dagegen hatte sehr viel Mut und trat allen Gefahren mutig entgegen. Jeder lebte für sich, keiner kannte den anderen. Sie jagten und sammelten Beeren im großen Wald.

Eines Tages streifte Hasenfuß durch sein Revier. Vorsichtig setzte er einen Fuß vor den anderen. Da sah er eine seltsame Gestalt zwischen den Bäumen herumstreunen. „Nichts wie weg!" dachte er sich. Löwenherz, der auf der Suche nach Beeren war, entdeckte eine kleine Figur, die vor ihm Reißaus zu nehmen schien. Er folgte ihr und holte sie schließlich ein. „B-b-bitte tu mir nichts", wisperte Hasenfuß. „Ich will dir doch gar nichts tun, ich will nur wissen, wer du bist." „I-i-ich b-b-b-bin Ha-Ha-Hasenfuß." „So, und warum bist du vor mir abgehauen?" „Ich dachte, du wärst gefährlich." „Das ist ein Witz, oder?" fragte Löwenherz erstaunt. Noch nie hatte er jemandem etwas zuleide getan. Aber als er merkte, daß Hasenfuß wirklich Angst vor ihm hatte, begann er, von sich zu erzählen. Und Hasenfuß begann, sich in der Gesellschaft seines neuen Bekannten wohl zu fühlen. „Ich bin nun mal sehr ängstlich", sagte Hasenfuß, dem es schon etwas peinlich war, daß er vor Löwenherz davongelaufen war. „Aber jetzt da ich weiß, daß du ein netter Kerl bist, würde ich gerne dein Freund werden." „Natürlich, das können wir gerne machen", freute sich Löwenherz, dem der freundliche Hasenfuß recht gut gefiel.

So vergingen die Tage. Ein paar Wochen später waren sie die wahrscheinlich dicksten Freunde, die der Wald je gesehen hatte. Sie streiften umher und halfen einander, wo es nur ging. Hasenfuß wurde von Tag zu Tag mutiger und verlor in der Gesellschaft von Löwenherz oft seine Angst. Vorsichtig blieb er aber immer. Er achtete auf seine Schritte, wenn er durch den Wald ging. Er hörte genau auf die Geräusche, um sicher zu sein, daß sich kein wildes Tier näherte. Löwenherz ging das meist zu langsam. Meist lief er schon unbekümmert voraus.

Heute war wieder einer dieser Tage. Sie zogen zwischen den Sträuchern und Bäumen umher, um Pilze zu sammeln. Das konnte Hasenfuß wesentlich besser als Löwenherz. Sein Korb war schon ganz voll, während sein Freund ei-

lig von Baum zu Baum rannte, aber nur selten etwas entdeckte. Plötzlich hörte Hasenfuß einen lauten Schrei. „Hasenfuß, Haaasenfuuuß! Ich stecke fest!" „Warte, ich komme und helfe dir!" rief Hasenfuß in die Richtung, in der er seinen Freund vermutete. Als er ihn entdeckte, sah er, daß Löwenherz mit seinem Fuß in einem Loch unter der Wurzel eines Baumes festsaß. „Schau, du mußt deinen Fuß hin und her drehen und gleichzeitig ziehen", sagte er zu seinem Freund, nachdem er sich die Sache genau angesehen hatte. Es dauerte eine Weile, aber schließlich gelang es beiden, den Fuß zwischen den Wurzeln hervorzuziehen. „Puh, danke Hasenfuß", freute sich Löwenherz. „Wenn ich dich nicht gehabt hätte, dann wäre ich wahrscheinlich für immer dort stecken geblieben." Löwenherz war von da ab etwas vorsichtiger. Er wußte jetzt, daß er sich auf seinen Freund Hasenfuß verlassen konnte. Gemeinsam erlebten sie noch viele Abenteuer im Wald. Und mit der Zeit wurden sie ganz alte Freunde.

Die Geschichte von Hasenfuß und Löwenherz ist noch lange nicht zu Ende. Erfinden Sie doch mit Ihrem Kind gemeinsam Geschichten, wie Hasenfuß seine Angst überwindet und Löwenherz vorsichtiger wird. Bauen Sie dabei Elemente des Alltags mit ein, z.B. Hasenfuß und Löwenherz im Straßenverkehr, auf dem Rummelplatz, beim Kochen usw. Vielleicht finden sie gemeinsam Lösungen, wie sich die Freunde in der jeweiligen Situation verhalten können.

Selbstbewußt „nein“ sagen

Manchmal reicht es nicht aus, wenn Sie als Mutter oder Vater für ein selbstbewußtes Verhalten Ihren Kindern Modell stehen. Deshalb haben wir einige Spiele zusammengestellt, in denen Kinder selbstbewußt „nein“ sagen lernen. Dabei können sie auch ihre Stimme ausprobieren: Mit welcher Stimmlage, mit welcher Lautstärke erreiche ich mein Ziel am besten? Bringt lautes Schreien wirklich den gewünschten Erfolg? Mimik und Gestik werden bei diesen Spielen zur Unterstützung des eigenen Willens eingesetzt.
„Nein“ zu spüren und es im entscheidenden Moment auch sagen zu können, ist für Kinder jeder Altersstufe wichtig, das Selbstbewußtsein hierfür zu entwickeln ein elementares Erziehungsziel.

Ich mache meinem Gegner Angst

Alter: ab 3 Jahren
Teilnehmer: mindestens 2 Kinder

Kinder sollen möglichen Gefahren gegenüber selbstbewußt auftreten. „Nein“ sagen zu können, ist eine wichtige Voraussetzung, um unerwünschten Annäherungen begegnen zu können.

Zwei Mitspieler stehen sich gegenüber. Sie werfen sich abwechselnd ein lautes „Nein!“ an den Kopf.
Dabei variieren sie ihre Stimmlage, Lautstärke, Mimik. Die Mitspieler achten darauf: Wie reagiert mein Gegenüber? Zeigt mein „Nein“ Wirkung? Was muß ich anders machen, damit es Reaktionen hervorruft?

Wenn ich „ja“ sage, sagst du „nein“

Alter: ab 4 Jahren
Teilnehmer: mindestens 2 Kinder

Kinder sollen spüren, wie sich ein Nein anfühlt und ein Ja und welche Gefühle ausgelöst werden, wenn das Gegenüber das Gegenteil von dem will, was das Kind will.

Die Mitspieler stehen sich gegenüber. Sie einigen sich, wer „Ja“ sagt und wer „Nein“ sagt. Nach dem Startsignal geht's los. Die eine Seite ruft so laut sie kann „Ja!“, während ihr Gegenüber mit einem ebenso lauten „Nein!“ antwortet. Nach einer Minute werden die Rollen getauscht.

Auch nach diesem Spiel findet ein Austausch statt. Welche Rolle gefiel mir besser? Die des Jasagers oder die des Neinsagers? Warum?

Ich sage: Nein!

Magst du einen Menschen nicht
und er streichelt dein Gesicht,
küßt dich wohl, wenn du's nicht magst,
dann ist's richtig, wenn du sagst:
„Hör nun auf! Und mach jetzt Schluß!
Laß mich los! Und keinen Kuß!
Laß die Streicheleien sein!
Hände weg! Ich sage: Nein!
Widerliche Schmuserei!
Weg mit dir! Oder ich schrei!“

Hans Joachim Ludwig

Das macht mir Angst

Alter: ab 3 Jahren
Teilnehmer: einer genügt, aber besser sind so viele wie möglich, weil sich die Kinder dann untereinander austauschen können
Material: Papier, Stifte

Auf die Fragen: „Warum traust du dich nicht. Wovor hast du Angst?“ können Kinder meist nicht antworten, denn ihre Ängste sind oft gedanklich nicht faßbar. Viel leichter ist es da, ein Kind malen zu lassen. Die Überschrift über das erste Bild kann lauten: Ich male auf Papier, was mir Angst macht. Selbst wenn auf dem Bild für den Erwachsenen nichts erkennbar Angsteinflößendes ist, anhand eines Bildes läßt sich mit einem Kind leichter sprechen. Ist zum Beispiel der Hintergrund schwarz, können Sie fragen: „Macht dir das Dunkle Angst?“ Das Kind könnte antworten: „Ja, die Nacht macht mir Angst.“ Die Überschrift über das zweite Bild könnte lauten: Ich habe Angst. Ich traue mich trotzdem. Vielleicht sehen Sie auf dem fertigen Bild nur einen Kreis, der rot angemalt ist. Das ist völlig in Ordnung. Gehen Sie dann auf das Bild ein, malen Sie zum Beispiel mit der Hand den Kreis nach und fragen Sie: Wo ist die Angst, und wo ist der Mut? Lassen Sie sich von der Antwort überraschen. Wichtig ist nicht, daß Sie etwas erkennen, sondern wichtig ist, daß Angst und Mut zum Thema werden, mit Farben eingefangen werden können und diese kindlichen Gefühle von den Erwachsenen ernstgenommen werden.

Anmerkung zu den Übungen: Lassen Sie Ihr Kind diese Übungen nicht alleine machen. Machen Sie mit, Sie als Erwachsener mit Ihrem Kind. Sprechen Sie anschließend über Ihre Erfahrungen. Wenn Ihr Kind noch kleiner ist, sein Empfinden noch nicht so ausdrücken kann, erzählen Sie einfach, wie die Übung für Sie ist.

8 Mädchen lernen, sich zu wehren

Viele Mädchen reagieren zurückhaltend und schüchtern. Sich gegen die „wilden Jungs“ zu wehren, trauen sie sich oft nicht. Das ist die Folge einer Erziehung, die Mädchen nur nett und freundlich sein läßt.

Im Alltag sind Mädchen eher von körperlicher Gewalt bedroht als Jungen. Denn sie gehören zum „schwachen Geschlecht“, wie der Volksmund sagt. Und tatsächlich sind viele Mädchen gleichaltrigen Jungen körperlich unterlegen.
Schwache werden leichter zu Opfern als Starke. Deshalb genügt es nicht, nur mit den Mädchen zu reden. Sie brauchen ein spezielles Training, sich zu wehren.
In diesem Kapitel spüren wir den Ursachen nach, warum so viele Jungen meinen, sie seien den Mädchen überlegen und dürften sie angrabschen, und warum Mädchen Angst haben, sich zu wehren. Die Spiele sollen eine Hilfestellung sein, um frühzeitig die Weichen anders zu stellen.

Gefahren richtig einschätzen

Mädchen können wohl Selbstverteidigung, Selbstsicherheit und Selbstvertrauen lernen. Doch einen hundertprozentigen Schutz vor Mißbrauch oder Verletzung gibt es nicht. Durch entsprechendes Training bekommen die Kinder jedoch das Rüstzeug, Gefahren richtig einzuschätzen und sich trotz körperlicher Unterlegenheit zu wehren.
Auch geht es darum, den Blick der Erwachsenen zu schärfen. Wo können sie ihre Mädchen unterstützen? Wo erziehen sie ihre Kinder unbewußt zu schwachen und wehrlosen Opfern? Wenn zum Beispiel Mädchen gedrängt werden, immer nett und lieb zu sein, obgleich ihnen ganz anders zumute ist.

„Typisch Mädchen“ ist nicht angeboren

Mädchen kommen nicht schon mit einem „typisch“ weiblichen Verhalten zur Welt. Das sogenannte Weib-

liche entsteht erst durch die Erziehung. Von Geburt an werden Kinder in eine von der Erwachsenenwelt festgelegte Geschlechterrolle gedrängt.

Zumeist unterscheiden schon die Spielsachen die Mädchen von den Jungen. Im zarten Säuglingsalter hängt häufig über der Wiege des Mädchens ein Mobile mit Engeln, Blumen oder Tieren. Der Junge darf sich an Flugzeugen, Autos oder Schiffen freuen. Wenn die Kinder größer werden, bekommen die Jungen oft wissenschaftliches Spielzeug, eben Jungen-Spielzeug, die Mädchen manchmal Hüpfseile, eben Mädchen-Spielzeug. So lernen Mädchen, daß manche Dinge „nichts für sie sind“, zum Beispiel der technische Lebensbereich. Und wenn Mädchen hier ausgeschlossen werden, trauen sie sich später auch nicht, mutig vorzutreten und zu sagen: „Das kann ich auch.“

Ein weiterer äußerlicher Bereich sind meist die Kleider. Während Mädchen immer noch in „süße“ Kleider gesteckt werden, dürfen Jungs schon mal die ersten Jeans und Pullover ausprobieren.

Schon in den ersten Lebensjahren gibt es weitere deutliche Unterschiede in der Erziehung von Söhnen und Töchtern. Während Jungen bis zum sechsten Lebensmonat häufiger aus der Wiege genommen werden als Mädchen, kehrt sich das mütterliche Verhalten ab dem sechsten Lebensmonat um. Jetzt werden Jungen seltener angefaßt als Mädchen. Die Folge ist, daß Jungen sich der Umwelt zuwenden (weil sich die Mutter „abwendet“) und Mädchen in der abhängigen, oft auch häuslichen Rolle bleiben. Natürlich treiben Mädchen auch Sport, bleiben aber bei Kraftspielen außen vor. Die Folge: Manche Mädchen trauen sich nicht, sich zunächst gegen Jungs und später gegen Männer zu wehren.

Lesebogen für Eltern

Ein Mädchen macht sich nicht schmutzig.
Ein Mädchen prügelt sich nicht.
Ein Mädchen schreit nicht so laut.
Ein Mädchen bohrt nicht in der Nase.
Für ein Mädchen schickt sich das nicht.
So etwas sagt ein Mädchen nicht.
Das ist nichts für ein Mädchen.

Kommen Ihnen diese Sätze bekannt vor? Hat Ihre Tochter solche oder ähnliche Sätze schon mal von Ihnen gehört? Oder können Sie ausschließen, daß Ihr Mädchen in irgendeiner Weise schon mitbekommen hat, daß Erwachsene glauben, es gäbe große Unterschiede zwischen Mädchen und Jungen? Bestimmt nicht. Denn Sie erziehen Ihr Kind nicht alleine. Beteiligt ist in großem Maße auch die Umwelt. Aber Sie können solchen Entwicklungen entgegensteuern.

Petzen statt kämpfen

Viele Mädchen haben nicht gelernt zu kämpfen. Denn Mädchen wird eingehämmert, daß sie keine Jungen sind. Jungen sind im Erziehungsbild zahlreicher Erwachsener kämpferisch, wild und draufgängerisch, machen sich dreckig, prügeln sich, wehren sich, trauen sich.

Mädchen dagegen werden immer noch viel zu häufig mit der gegenteiligen Rolle vertraut gemacht. Die Folgen: Sie trauen sich nicht, selbstbewußt aufzutreten, zu sagen, was sie können, zu sagen, was sie nicht wollen oder sich zu wehren. Vielleicht ist das auch der Grund, warum Mädchen sich selbst häufig nicht ernst nehmen. Sie suchen sich gerne Beschützer. Im Erwachsenenleben ist es der Mann, der diese Rolle übernehmen muß. Im Kindesalter sind es die Größeren, vermeintlich Stärkeren, die die Beschützerrolle übernehmen sollen: Der Erzieher im Kindergarten, der Lehrer in der Schule, die älteren Geschwister, die Eltern. Wenn Mädchen sich einen Beschützer suchen, brauchen sie nicht zu kämpfen, nur zu petzen: „Frau Müller, der Johannes hat mich schon wieder geschlagen." Und sie hoffen, daß Frau Müller Johannes bestraft. Mädchen fehlt also oft der Glaube an ihre eigene Kraft. Sie haben im Laufe ihrer langjährigen Erziehung eben nie mitbekommen, daß es auch anders geht. Dabei gibt es in der Literatur wie im richtigen Leben so viele Vorbilder dafür.

Tip

Lesen Sie Ihrem Mädchen die Geschichte von Aschenbrödel vor. Sprechen Sie dann über das Verhalten von Aschenbrödel, und fragen Sie Ihr Mädchen: Was hättest Du gemacht?
Aschenbrödel sucht sich einen Retter und Rächer. Den Prinzen. Sie ist listig genug, sich den Retter zu suchen, aber nicht in der Lage, sich selbst aus ihrer mißlichen Lage zu befreien. Hören Sie genau hin, was Ihnen Ihr Mädchen sagt. Aus seinen Worten können Sie schließen, ob es dazu neigt, für sich selbst einzutreten oder sich einen Beschützer zu suchen.

Lolita oder Pfiffigunde

Schon in den ersten Lebensjahren erproben Kinder, welches Verhalten bei ihrer Umgebung ankommt, sie zum Erfolg führt. Bei Mädchen ist das leider allzu oft das „typisch weibliche“ Verhalten, das besonders Männerherzen schmelzen läßt. Prüfen Sie das doch einmal an sich selbst: Wenn Sie einer kleinen, sagen wir fünfjährigen Schönheit begegnen und diese wirft Ihnen einen freundlich-unschuldsvollen Blick zu, wenden Sie sich dann mit Grausen ab? Nein?! Sie erwidern den Blick, und in Ihren Augen ist auch etwas anderes zu lesen. So etwas wie Erstaunen: Donnerwetter, ist die aber hübsch. Wenn die erst mal groß ist ... Glauben Sie bloß nicht, daß dies der Fünfjährigen entgeht. Sie begreift es nicht, aber sie ahnt etwas. Und sie lernt, daß ihre Schönheit bei ihren Mitmenschen, besonders bei den männlichen, etwas auslöst: im schlimmsten Fall Begierde.

Das kleine Mädchen kann nichts dafür, daß es schön ist. Aber die Umwelt kann etwas dafür, wenn aus der Schönheit eine lockende kleine Lolita wird, die auf gefährlichem Parkett lebt.

Denn heute, kurz vor der Jahrtausendwende, hat sich soviel noch nicht geändert. Die Frau ist in der Werbung immer noch Sexualobjekt. Models werden immer jünger. Schon Elfjährige arbeiten auf dem Laufsteg und mimen, unschuldig-lockend, den kleinen Vamp. Harmlose Kindlichkeit ist out, jung und sexy ist in.

Frauen, die was werden wollen, müssen nicht nur klug, sondern auch attraktiv sein. Mädchen werden darauf getrimmt, ihre weiblichen Reize auszuspielen. Sie sollen lange Haare haben und kurze Röcke tragen. Die Schülerin, die sich lückenhaft auf die mündliche Prüfung vorbereitet hat, weiß: Wenn sie den Biolehrer in den Ausschnitt schauen läßt, zensiert der großzügiger als sonst. Mädchen lernen: du mußt gefallen, dann hast du es leichter.

Es ist gar nicht einfach für Eltern, den Mittelweg zu finden. Einerseits das Mädchen in seinem Frausein zu bestärken und andererseits den Weg zur Lolita, die lockt, zu verhindern. Denn wer lockt, der lockt auch an. Und kleine Mädchen, die locken, sind vor Verfolgern nicht sicher.

Rollenzuweisungen vermeiden

Es gibt ganz bezeichnende Sätze, mit denen Mädchen in die typische Rolle gedrängt werden. Ein Teil davon ist auf dem Notizblock zusammengestellt. So können Eltern überprüfen, ob sie ihr Mädchen unbewußt in Richtung Lolita erziehen.

„Zieh dir ein Kleidchen an, damit du dem Opa gefällst!“ (Hier wird der Unterschied zwischen Jungen und Mädchen betont.
Das Kind lernt, daß ein Mädchen besonders gefällt, wenn es ein Kleid anhat, also „weiblich“ ist.
„Ja, meine Tochter weiß schon, wie sie mich herumkriegen kann“, sagt der Vater stolz vor seinen Gästen und der Tochter.
Das Mädchen lernt, daß Verführen und Herumkriegen eine besondere Leistung ist.

„Komm, meine Süße. Sei lieb zum Papa und setz dich auf seinen Schoß“, sagt der Vater zur Tochter, und zum Sohn: „Na, Sohnemann, mit wem hast du dich denn heute auf der Straße herumgeprügelt.“
Hier lernen die Kinder eine unterschiedliche Bestimmung. Mädchen sind süß und Jungen prügeln sich.
Der Onkel kommt mit einem Geschenk. „Was macht ein braves Mädchen?“ „Es gibt dem Onkel zum Dank einen Kuß.“
Ein „braves Mädchen“ wird angeregt, die natürliche Distanz zu einem „Onkel“ aufzugeben und sich mit körperlichem Einsatz zu bedanken.
Ein Freund der Familie will das Mädchen auf seinen Schoß setzen. Das wehrt sich: „Ich will nicht.“ Antwort: „Ach, sei doch nicht so unfreundlich.“
Die vom Mädchen gesetzten Grenzen werden nicht akzeptiert.
„Sie haben aber eine hübsche Tochter“, sagen die Leute auf der Straße. „Da werden aber später die Männer Schlange stehen.“
Das Mädchen lernt, daß Hübschsein ein besonderer Wert ist, der ein Mädchen für Männer „wertvoll“ macht. Auch wenn Sie stolz auf Ihre Tochter sind und sich über die Bemerkung freuen, ist es besser, sie kommentieren solch unüberlegte Sätze sofort. „Unsere Tochter ist keine Ware, für die man ansteht“, wäre ei-

ne schlagkräftige Antwort. Wichtig wäre, daß Sie auf jeden Fall auf die besonderen inneren Werte Ihres Kindes hinweisen. Noch besser wäre es, die Menschen würden die Wirkungen solcher Wertungen vorher überdenken und dann darauf verzichten.
„Wie goldig ist Ihr Mädchen mit seinen blonden Locken", sagen Fremde und schauen das kleine Mädchen begeistert an.
Das Kind lernt, daß blonde Locken und Goldigsein wildfremde Menschen zu überschwenglichen Reaktionen verführen.
„Mach dein Kleid nicht schmutzig" oder „Wie siehst du denn schon wieder aus" sind Sätze, die eher ein Mädchen hört als ein Junge. Jungen dürfen sich schmutzig machen, das ist Teil des Jungenseins. Mädchen sollen sauber bleiben, das ist Teil des Mädchenseins.

So werden Mädchen zu Opfern

Mädchen sind anders – anders als Jungen. Denn sie orientieren sich an der Mutter. Und die ist anders als der Vater. Das ist der Schlüssel für die Opferrolle, in die manche Mädchen hineingeraten.
Mädchen ahmen die Mutter nach. Die leibliche oder auch die, die in Märchen, Geschichten oder Schulbüchern dargestellt wird. Diese Mütter sind zumeist sanft, gütig, nachgebend, vermittelnd, liebevoll, verzeihend. Alle diese Eigenschaften sind nicht unbedingt in einer Person vereint. Aber so zu sein, ist erstrebenswert. Es ist das Ideal einer Mutter. Oder nicht?
Wer verzeiht, schlägt nicht zu.
Wer vermittelt, ist nicht zornig.
Wer sanft ist, tritt nicht.
Wer nachgebend ist, sagt schon mal ja, auch wenn er nein denkt, und senkt demütig den Kopf.

Denn für eine Mutter steht die Familie immer an erster Stelle. Sie opfert sich auf.
Jedes kleine Mädchen will spater mal eine Mutter werden. Die beste Mutter auf der ganzen Welt. Die liebste. Und lieb sein heißt sanft sein, sich aufopfern. In der Erziehung gilt es, diese fatale Koppelung aufzulösen, daß gut und lieb sein bedeutet, sich gleich aufzuopfern.
Deshalb muß eine Mutter Ihrer Tochter ein Vorbild auch in anderen Bereichen sein. Sie muß zeigen, daß sie nicht nur für andere da ist. Allerdings sind Mütter, die einen gesunden Egoismus haben und nicht nur ausschließlich für ihre Familie leben, nicht immer beliebt. Aber das macht nichts.
Tun Sie es trotzdem: Schaffen Sie sich familienfreie Zonen, die nur für Sie ganz alleine da sind. Sagen Sie zum Beispiel: Heute bin ich Egoistin und gehe alleine in die Sauna. Und für meine Familie gibt es nur Eintopf. Und wenn die was anderes wollen, sollen sie doch gefälligst selber kochen. Bedenken Sie: Sie sind das Modell für Ihre Tochter.

Wie Mädchen lernen, sich durchzusetzen

Mädchen müssen lernen, selber für sich einzustehen. Denn im Notfall ist oft niemand da, der ihnen helfen kann. Sie brauchen das Vertrauen in ihre eigenen Fähigkeiten. Mutig und selbstsicher aufzutreten, kann man lernen. Die nachfolgenden Spiele sollen können Eltern vor allem mit Mädchen und schüchternen Kindern zusammen machen.

Kissenschlacht

Alter: Sobald ein Kind etwas werfen kann, kann es auch Kissenschlacht spielen.
Teilnehmer: mindestens 2
Material: Kissen

Mit Kraft einem anderen Menschen gegenübertreten. Dieses Spiel ist besonders für Mädchen geeignet, die große Schwierigkeiten haben, sich zu wehren. Sie wissen genau, daß ein Kissen nicht verletzen kann, können aber trotzdem mit aller Kraft gegen jemand anderen vorgehen.

Die Mädchen werfen mit aller Kraft Kissen auf andere. Dabei dürfen sie nicht mit den Kissen schlagen, nur werfen. Sie dürfen aber direkt auf einen anderen zielen.

Boxen verboten, Kämpfen erlaubt

Alter: ab 4 Jahren
Teilnehmer: mindestens 2

Mädchen lernen, ihre Kräfte einzusetzen. Daher sollten die Mitspielerinnen ungefähr die gleiche Größe und die gleiche Statur haben.

Zwei Mädchen knien sich auf dem Boden gegenüber. Sie versuchen, sich nun gegenseitig auf eine Seite zu werfen. Dabei dürfen aber nur die Hände benutzt werden. An den Haaren ziehen und boxen ist verboten. Wenn mehrere Kinder mitspielen, bilden diese einen Kreis. Der Kreis ist gleichzeitig die Begrenzung der Spielfläche.

Ich sage: Halt

Alter: ab 3 Jahren
Teilnehmer: mindestens 2

Mädchen sollen lernen, zuerst mit den Augen, dann mit der Körperhaltung und zuletzt mit Worten einen Menschen zu hindern, ihnen zu nahe zu kommen. Am besten ist es, wenn zunächst ein Erwachsener mitspielt. Er kann vormachen, wie das Spiel funktioniert.

Die Spieler stehen sich in einem Abstand von mindestens drei Metern gegenüber. Einer darf befehlen, der andere soll folgen. Der Befehl lautet: „Komm jetzt näher.“ Beim ersten Durchgang soll nur mit den Augen deutlich gemacht werden: „Und jetzt bleib stehen. Komm nicht näher.“
Beim zweiten Durchgang wiederholt sich das Spiel: Der Befehl lautet: „Komm jetzt näher.“ Nun wird nur mit der Körperhaltung gezeigt: „Und jetzt bleib stehen.“ Dabei dürfen auch die Hände zur Unterstützung benutzt werden. Beim dritten Durchgang werden Worte eingesetzt. Dabei darf auch geschrien werden: „Stehenbleiben!“
Alle Durchgänge werden mehrfach gespielt, damit verschiedene Verhaltensweisen ausprobiert werden können.
Bei Drei- und Vierjährigen genügt es, wenn nur die Rollen getauscht werden, nachdem ein Erwachsener vorgemacht hat, worum es geht. Es genügt, kleineren Mädchen zu zeigen, daß sie mit Augenbewegung, Körperhaltung sowie Worten bestimmte Reaktionen erzielen. Bei älteren Mädchen ist es gut, darüber zu sprechen, wie sie sich in der Rolle der Befehlenden gefühlt haben und wie das „Halt, bleib stehen“ auf sie gewirkt hat.

Bücher, die Eltern und Kindern gut tun

Impressum

Gesamtherstellung:
Hampp Verlag, Stuttgart
Fotos: Hartmut W. Schmidt
Fotos S. 6, 34, 58, 91: Jutta Weser
Titelfoto: Gertie Burbeck
Illustrationen: Angeles Ruiz
Satz: pws Print und Werbeservice Stuttgart
Layoutentwurf und Umschlaggestaltung: communicate, Stuttgart
Druck: Franz-Spiegel-Buch, Ulm

ISBN 3-419-53300-4